« …celui qui renonce à la nature n'est plus protégé par elle. »

Rabindranath TAGORE

© 2005 Hachette Livre (Hachette Pratique), Paris
Tous droits de traduction, d'adaptation et de reproduction totale ou partielle, pour quelque usage, par quelque moyen que ce soit, réservés pour tous pays.

Direction : Stephen Bateman

Direction éditoriale : Pierre-Jean Furet

Responsable éditoriale : Delphine Kopff

Suivi éditorial : Anne Vallet

Secrétariat d'édition et conception-réalisation : Marie Vendittelli - Looping

Illustrations : Graph'M

Couverture : Laure Menanteau

Fabrication : Lysiane Bouchet

Le tarot
et le bien-être

Didier Colin

HACHETTE
Pratique

Introduction

La nature porte désormais le nom d'environnement.
Nous ne vivons plus en contact étroit avec elle.
Nous exerçons notre mainmise sur elle, considérant
que tout ce qu'elle nous donne nous appartient, nous
revient de droit. Nous employons toutes sortes d'artifices,
d'outils sophistiqués, de produits toxiques, pour lui imposer
nos règles, totalement indifférents à ses lois
et cycles multimillénaires.

Lorsque parfois des effets pervers, naturels en vérité, résultant de notre interventionnisme systématique, se produisent, nous parlons d'accident environnemental ou de drame écologique.

À aucun moment, nous n'envisageons que la nature puisse reprendre ses droits. Ainsi, non contents d'exercer notre tyrannie sur nous-mêmes et nos égaux, nous adoptons le même comportement à l'égard de la nature devenue un environnement, autrement dit un pur produit de notre volonté agressive et possessive. À l'égard de notre propre nature, nous agissons exactement de la même façon. Curieux de nous identifier aux schémas psychologiques, nous voulons découvrir notre vraie nature. Cependant, beaucoup d'entre nous veulent savoir, mais bien peu semblent disposés à savoir. Assimilant volontiers le bien-être au bonheur, nous y aspirons de tout notre être, convaincus qu'il dépend d'un certain nombre de facteurs extérieurs et matériels que nous devons nous procurer. De nombreux messages publicitaires nous entretiennent dans cette illusion, vantant les mérites et qualités de toutes sortes de produits susceptibles de nous prodiguer ce bien-être que nous recherchons toujours. Quant à notre santé, d'une part nous n'employons plus ce mot dans son sens originel – issu de *sanitatem*, accusatif du latin *sanitas, -atis,* santé (du corps et de l'esprit) et *spécialement* (raison, bon sens)[1] –, d'autre part elle ne nous appartient plus, puisque nous payons pour être pris en charge dès que nous sommes malades. Ainsi, le Ministère de la Santé fait-il office de Ministère de la Maladie. Il encadre et gère la prise en charge des malades mais n'agit pas, ou très peu, à titre préventif, sauf lorsque certaines maladies (cancer, Sida, entre autres) augmentent le budget de l'État. « Fumer tue », lit-on ainsi sur des bandeaux accolés aux paquets de cigarettes. Vivre tue aussi, vivre mal surtout, et ne pas savoir prévenir le mal-être et la maladie plus encore. Or, le plus souvent, nous fumons pour compenser un mal-être dû en grande partie à un mode de vie contraignant, des tensions, insatisfactions, déceptions elles-mêmes engendrées par nos mauvais réflexes comportementaux et notre méconnaissance de soi.

Bien avant l'avènement de la psychologie, science humaine contemporaine, nos ancêtres mirent au point des outils d'investigation et de connaissance de soi, axés sur la divination. Cette science humaine très décriée aujourd'hui, n'en fut pas moins, durant des millénaires, un principe fondamental de la culture commune à toutes les civilisations.

Ce principe repose sur un constat très simple. Un certain nombre de facteurs, paramètres, phénomènes, événements, nous concernant directement ou indirectement, et pouvant avoir des incidences immédiates ou des répercussions à long terme, échappent à notre conscience.

En d'autres termes, à l'état de veille, nous ne voyons, ne savons ou ne connaissons pas tout ce qui, pourtant, nous touche, nous implique ou nous concerne. Si nous sommes responsables de nos actes, choix et décisions, nous n'en évaluons que rarement la portée et les conséquences. « Notre champ de conscience se fonde sur quatre fonctions fondamentales, explique Marie-Louise von FRANZ : la pensée, l'intuition, la sensation (fonction de perception) et le sentiment (fonction d'évaluation). Toute réalisation consciente complète, précise-t-elle, s'accomplit par la coopération de ces quatre fonctions. » [2]

Qui d'entre nous peut se vanter d'agir à tout moment en exploitant harmonieusement ces quatre fonctions ?

Nos pensées nous assaillent ou se manifestent à notre insu, le plus souvent. Nous sommes malhabiles à les apprivoiser, fixer, à réfléchir, méditer, si ce n'est après coup, rarement avant d'agir ou pendant l'action. Happés par des occupations et préoccupations de la vie quotidienne, par les innombrables informations du monde extérieur, nous nous détournons de nos pensées intimes, les seules pouvant nous éclairer.

Nos intuitions, ces réminiscences instantanées d'expériences vécues qui se répètent, se trouvent souvent voilées, obscurcies ou étouffées par la raison, l'esprit logique ou des considérations d'ordre matériel. De fait, là encore, après coup, nous nous disons fréquemment : « je savais que cela devait arriver », mais il est trop tard. Nous ne nous fions plus – ou peu – à nos intuitions.

Nos sensations, issues de nos cinq sens, nous plongent dans des impressions confuses, parce que nous nous exerçons très peu à voir, sentir, écouter, goûter et toucher, selon nos propres critères, sans nous référer à des règles, principes ou schémas extérieurs. C'est tout juste si nous savons reconnaître ce que nous apprécions et repoussons spontanément ce qui nous singularise et nous rend unique, tant nous cherchons de réconfort à partager les mêmes sensations, les mêmes plaisirs, au même moment. Nous ne savons plus percevoir le monde autrement qu'au travers des idées communes que nous nous faisons de lui, et non par le truchement de nos sensations personnelles.

Par voie de conséquence, nos sentiments s'en trouvent tronqués, eux aussi. Au point que, dans notre esprit, les sentiments se résument à des émotions fugaces, incontrôlables, des pulsions et désirs, une soif de fusion que nous attribuons un peu trop hâtivement et arbitrairement à des complexes parentaux. Pourtant, de même que percevoir des sensations multiples et variées implique de s'y abandonner, de se mettre en état de réceptivité, éprouver des sentiments multiples et variés eux aussi, parfois contradictoires, nécessite une implication de tout son être, de l'intelligence, de l'intuition et beaucoup de perception.

Pour nous aider à exploiter ces quatre fonctions fondamentales de notre psyché, sachant que, dans l'absolu, chacun de nous aspire à la paix, au bonheur, à vivre en harmonie, il existe un certain nombre d'outils d'exploration de la conscience. Ces derniers ont été mis au point par nos ancêtres, soucieux de leur survie autant que de leur bien-être et qui, dans ce but, se révélèrent habiles à prévoir et anticiper des événements ou situations pouvant les déstabiliser ou mettre en péril, qu'ils ne pouvaient percevoir ou comprendre qu'au moyen de la divination déductive.

Le Tarot et, plus précisément, les 22 arcanes majeurs et les 56 arcanes mineurs de ce jeu divinatoire, sont chargés d'une très forte symbolique, révélatrice de l'interaction permanente qui se produit entre certains phénomènes qui nous sont propres et d'autres, inhérents à la nature, à notre environnement, au monde extérieur, de leurs similitudes, analogies et coïncidences. Le Tarot divinatoire s'impose donc comme l'un de ces instruments. En l'employant à bon escient, nous pouvons nous confronter à la réalité globale, pas seulement extérieure et matérielle, mais aussi intérieure et spirituelle, d'une situation et d'un état dans lesquels nous nous trouvons plongés, à un certain moment de notre vie.

Dans les pages qui vont suivre, vous trouverez une méthode de tirage d'une grande simplicité, ainsi qu'un certain nombre de paragraphes d'interprétations relatives à votre bien-être. Il s'agit, je le précise, d'interprétations que je vous propose. Elles ne constituent pas des fins en soi et n'ont rien de fatal. À vous de les adapter à vos préoccupations, de les affiner, d'en trouver le sens exact vous concernant. Cependant, si vous suivez ma méthode et mes conseils, vous trouverez peut-être des réponses à vos questions, vous y verrez sûrement plus clair en vous, et vous apprendrez à profiter pleinement de vos pensées, intuitions, sensations et sentiments.

Didier Colin

[1] Dictionnaire historique de la langue française, sous la direction de Alain REY, Dictionnaire LE ROBERT, Paris, 1992.
[2] Marie-Louise von FRANZ, « Quelques réflexions sur la synchronicité », dans l'ouvrage collectif *La synchronicité, l'âme et la science,* éditions Poiesis, diffusion Payot, 1985.

sommaire

Introduction **4**

Méthode de tirage et d'interprétation **9**

Les règles à suivre **10**
Votre tirage **10**
Votre interprétation **10**

Mots-clés et interprétations générales des 22 arcanes majeurs et des 56 arcanes mineurs du tarot divinatoire **13**

Les mots-clés **14**
Les 22 arcanes majeurs **14**

Les 56 arcanes mineurs **22**
Les Bâtons **22**
Les Épées **27**
Les Coupes **32**
Les Deniers **37**

Les interprétations de votre tirage **42**
Premier arcane : VOTRE ÉTAT GÉNÉRAL **42**

Deuxième arcane : L'ÉVOLUTION de votre état général, ou comment agir pour retrouver ou préserver votre bien-être **53**

Méthode de tirage et d'interprétation

Les règles à suivre

Pour réaliser ce tirage, vous devez impérativement disposer d'un jeu de Tarot dit « de Marseille », composé des 22 arcanes majeurs et des 56 arcanes mineurs ; vous utiliserez toutes les cartes.

Les interprétations que vous trouverez au deuxième chapitre de ce livre concernent exclusivement votre bien-être ; il va de soi que vos questions doivent se trouver en rapport avec votre bien-être et vos inquiétudes à ce sujet.

Plus vous serez méthodique et bien organisé en réalisant vos tirages, plus vous en tirerez profit. Dans ce but, je vous conseille de vous procurer un cahier réservé à cet usage, dans lequel vous procéderez comme suit :

• inscrivez la date de votre tirage ;
• réfléchissez bien aux préoccupations relatives à votre bien-être, puis rédigez votre question ;
• réalisez votre tirage selon la méthode très simple exposée ci-dessous ;
• notez-en la composition dans votre cahier ;
• consultez le chapitre consacré aux interprétations pour découvrir celles que vous proposent les deux arcanes de votre tirage ;
• prenez le temps de recopier lesdites interprétations, de sorte de pouvoir les relire, à tête reposée, lorsque vous le souhaiterez.

Votre Tirage

Pour réaliser votre tirage, commencez par brasser ou mélanger les 78 cartes de votre jeu de Tarot, en prenant soin qu'aucune ne se trouve le recto face à vous. Pour choisir vos cartes en effet, vous ne devez pas avoir la possibilité de les distinguer les unes des autres.

Étalez-les devant vous et, après relecture de votre question préalablement rédigée dans votre cahier, choisissez 2 cartes parmi les 78 qui se trouvent devant vous, puis disposez-les comme suit :

• la première carte à votre gauche ;
• la deuxième carte à votre droite.

Vous pouvez soit retourner chaque carte au fur et à mesure que vous les disposez, soit une fois votre tirage terminé ; faites comme bon vous semble.

Votre interprétation

Pour réaliser l'interprétation de votre tirage et découvrir toutes les informations qu'il recèle, il

vous suffit de consulter la deuxième partie du chapitre 2 de ce livre, intitulé « Les interprétations de votre tirage » (p. 42), divisé lui-même en 2 parties :
• premier arcane : votre état général ;
• deuxième arcane : l'évolution de votre état général, ou comment agir pour retrouver ou sauvegarder votre bien-être.
Exemple d'interprétations pour un tirage composé des deux arcanes suivants :
• première carte : le Soleil ;
• deuxième carte : le Deux de Deniers.
Avant de découvrir l'interprétation de la première carte de votre tirage, le Soleil, relevez d'abord le chiffre de référence de chaque arcane de votre tirage, dans la première partie du chapitre 2 où toutes les cartes sont numérotées de 1 à 78.
Dans notre exemple :
• le Soleil, qui est le dix-neuvième arcane majeur, est la carte 19 ;
• le Deux de Deniers, qui est un arcane mineur, est la carte 66.
Désormais, vous pouvez relever les interprétations des 2 cartes de votre tirage, en opérant de la façon suivante :
1. dans la deuxième partie du chapitre 2, intitulé « Les interprétations de votre tirage », fixez votre attention sur la première liste d'interprétations figurant sous le titre « Premier arcane : votre état général », puis consultez le paragraphe correspondant à la carte 19 (le Soleil), et transcrivez-le dans votre cahier ;

2. dans la deuxième liste « Deuxième arcane : l'évolution de votre état général, ou comment agir pour retrouver ou sauvegarder votre bien-être », prenez connaissance des interprétations correspondant à la carte 66 (Deux de Deniers), et transcrivez-les dans votre cahier.
Vous disposez ainsi de vos deux paragraphes d'interprétations, issus de votre tirage, et d'un éclairage ponctuel sur votre bien-être.

Enfin, si cela s'avère utile, vous pouvez formuler une autre question, puis opérer un second tirage. Toutefois, je vous recommande de ne pas réaliser plusieurs tirages d'affilée, au risque d'y puiser des informations contradictoires qui ne manqueront pas de vous plonger dans une certaine confusion. Ne cédez pas à l'impatience ni à l'avidité d'obtenir des réponses à vos questions. Ne cherchez pas non plus à vouloir trouver la réponse que vous attendez, au mépris de celle que votre tirage vous révèle. Laissez passer un peu de temps entre deux tirages, le temps, justement, de bien assimiler les informations contenues dans votre premier tirage, d'y réfléchir tranquillement. Passé ce laps de temps, si une autre question s'impose à vous, refaites un nouveau tirage.
En interrogeant les cartes du Tarot divinatoire, n'oubliez jamais que vous vous interrogez vous-même. Toutes les réponses sont en vous. Le Tarot divinatoire n'est qu'un instrument, un langage vous permettant d'entrer en relation, de dialoguer avec vous-même.

Mots-clés
et interprétations
générales
des 22 arcanes
majeurs et des
56 arcanes mineurs
du tarot divinatoire

Les mots-clés

Les 22 arcanes majeurs

Le Bateleur

1 Initiative, libre arbitre, beaucoup de possibilités, jeunesse, habileté, originalité, apprentissage, pouvoir de conviction.

La Papesse

2 Prudence, réserve, sagesse, prévoyance, lucidité, objectivité, secret, savoir non-révélé, femme d'âge mûr ou d'expérience.

L'Impératrice

3 Sentiments généreux, positifs, fécondité, productivité, confort matériel, mère de famille, épouse, femme amoureuse.

L'Empereur

4 Autorité, certitude, pouvoir matériel et moral, réalisme, concrétisation, force de caractère, chef de famille, patron.

Le Pape

5 Pouvoir intellectuel, moral, social, politique ou religieux, bienveillance, rigueur, stabilité, homme mûr, sage, d'expérience.

L'Amoureux

6 Choix, décision, amour, affinités, échanges, relations, tentations, accord, alliance, contrat.

Le Chariot

7 Efforts positifs et fructueux, progrès, audace, foi, ardeur combative, déplacement, voyage, bonne ou mauvaise nouvelle, découverte.

La Justice

8 Rigueur, impartialité, droiture, équilibre, moralité, légalité, intervention ou décision de justice.

L'Ermite

9   Prise de conscience, solitude, recherche, étude, analyse, évolution lente et profonde, lucidité, prudence, révélation.

La Roue de fortune

10   Changement, situation instable, en voie d'évolution, destinée, chance ou malchance, dénouement.

La Force

11   Courage, volonté, énergie, confiance en soi, maîtrise de la situation, force morale et physique, exploit.

Le Pendu

12 Abandon, confiance ou laisser-aller, inconscience, inertie, situation figée, sans issue, qui résulte d'actes erronés.

La Mort

13 Changement radical, conclusion logique, profit ou perte, arrêt, fin qui annonce un nouveau commencement.

La Tempérance

14 Réflexion, régénération, modération, relations agréables, négociations, compromis, opportunités.

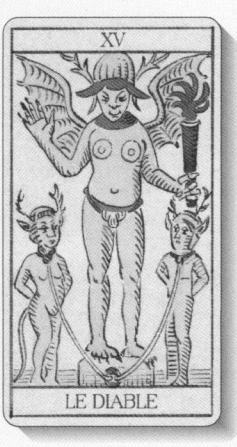

Le Diable

15 Pulsions, désir de se satisfaire à tout prix, désordre matériel et moral, attachement aux biens de ce monde, profits.

La Maison-Dieu

16 Bouleversement, remise en question, choc, libération, soulagement, événement imprévisible et inévitable.

L'Étoile

17 Inspiration, imagination, espoir, création, naissance, chance, plaisirs, bonheur, situation nouvelle et positive.

La Lune

18 Sensibilité, popularité, famille, rêves, illusion et désillusion, trahison, forte ou mauvaise influence de l'entourage, troubles psychiques ou physiques.

Le Soleil

19 Union, association, réussite, bonheur partagé, clarification, dévouement sincère, pureté des sentiments.

Le Jugement

20 Renouveau, réhabilitation, guérison, proposition, promotion, gratification, bonne nouvelle, *mea culpa*, arrangement.

Le Monde

21 Accomplissement des vœux, joie, ambition, expansion, aspirations, idéalisme, réussite totale, épanouissement, plénitude, esprit de synthèse, voyage lointain.

Le Mat

22 Départ, arrivée, quête, instabilité, période de transition, impulsions, enthousiasme, démarche, déménagement.

Les 56 arcanes mineurs
Les Bâtons

As de Bâtons

23 Pouvoir qui s'impose, puissance de travail, réussite concrète et matérielle, obtenue par la force ou la suprématie.

Deux de Bâtons

24 Deux forces qui s'affrontent, conflit d'ordre professionnel ou matériel mais avec volonté d'aboutir à un accord.

Trois de Bâtons

25 Lettre, bonne ou mauvaise nouvelle, démarche, déplacement, débat, esprit d'entreprise, pouvoir de conviction, réalisme clairvoyant.

Quatre de Bâtons

26 Certitude de parvenir à ses fins, de vaincre les obstacles, domination des circonstances, courage et ténacité.

Cinq de Bâtons

27 Problèmes à résoudre, à l'origine d'un changement profitable, d'une réussite matérielle ou sociale.

Six de Bâtons

28 Difficultés, vicissitudes, incertitudes, retards, contretemps, malentendus, insatisfactions et déceptions dans le travail.

Sept de Bâtons

29 Courage, forte volonté d'aboutir à des réalisations concrètes engendrant tôt ou tard un succès, une réussite.

Huit de Bâtons

30 Changements, transformations, bouleversements ou crises dans le cadre des activités, générant un progrès.

Neuf de Bâtons

31 Ambition, persévérance, expansion, élargissement du champ des activités, appui de personnages influents.

Dix de Bâtons

32 Sens du devoir, des responsabilités, goût du pouvoir, confiance de soi, forte volonté de réussite, satisfaction des ambitions.

Valet de Bâtons

33 Nouvelle ou proposition dans le travail, homme jeune, loyal, sérieux, idées, projets, sollicitations.

Cavalier de Bâtons

34 Volonté de réussir dans ses démarches, voyage, déplacement, esprit d'entreprise, création.

Reine de Bâtons

35 Réflexion, perspicacité, calcul, bon sens, sang-froid, femme intelligente et réaliste, vertueuse, intéressée ou séductrice.

Roi de Bâtons

36 Autorité, réalisme, force morale et physique, sens du pouvoir, homme concret, dominateur, responsable, prudent.

Les 56 arcanes mineurs
Les épées

As d'Épées

37 Énergie, grand pouvoir d'action, ambition, intelligence brillante, réussite ou victoire obtenue de haute lutte.

Deux d'Épées

38 Discussions, polémiques, désaccords, querelles, désunion, rupture, luttes, rapports de force.

Trois d'Épées

39 Relations enrichissantes, échange de vues productif, recherche d'un accord, d'un compromis, études, innovations.

Quatre d'Épées

40 Esprit pratique, réalisation et concrétisation des idées, plans, projets, réussite intellectuelle, études, réflexions, méditations.

Cinq d'Épées

41 Courage, détermination, luttes ardentes permettant de surmonter les obstacles, de vaincre les difficultés, d'atteindre son but.

Six d'Épées

42 Désaccord avec l'entourage, mauvaises relations, discussions stériles, incompréhensions, entêtement.

Sept d'Épées

43 Réussite dans les études, succès d'un écrit, esprit courageux et novateur, pionnier, victoire sur l'adversité.

Huit d'Épées

44 Changement que l'on provoque, tournant, décision radicale, volonté d'indépendance, esprit anticonformiste.

Neuf d'Épées

45 Approfondissement des idées, recherche spirituelle, découverte intellectuelle, départ, exploration, ambition.

Dix d'Épées

46 Caractère énergique, combatif, déterminé à vaincre ou réussir coûte que coûte, par tous les moyens, esprit du tout ou rien.

Valet d'Épées

47 Esprit d'initiative, imaginatif, créatif, actif, volonté de vaincre et de convaincre, personnage enthousiaste, susceptibilité.

Cavalier d'Épées

48 Courage, audace, intrépidité, nouvelle d'une décision de justice, messager, médiateur.

Reine d'Épées

49 Esprit lucide et critique, décision ferme mais prise avec bienveillance, femme intelligente, énergique, dominatrice.

Roi d'Épées

50 Pouvoir de décision énergique, esprit combatif ou vindicatif, homme d'action, intellectuel, juge ou médecin.

Les 56 arcanes mineurs
Les Coupes

As de Coupes

51 Grande joie, bonheur, plénitude dans la vie amoureuse, amicale et/ou familiale.

Deux de Coupes

52 Mésentente, discorde, dispute, séparation, relations passionnelles, malentendu ou conflit passager.

Trois de Coupes

53 Rencontre, idylle, séduction, bonne nouvelle, lettre d'amour, déclaration, instabilité sentimentale, insouciance, liaison.

Quatre de Coupes

54 Relations affectives sérieuses, solides, stables, fidélité, sincérité, droiture des sentiments.

Cinq de Coupes

55 Création, naissance, sublimation des sentiments, charme, sympathie, chance, plénitude amoureuse, bonheur.

Six de Coupes

56 Déception sentimentale, insatisfaction affective, tristesse, mélancolie, incompréhension mutuelle.

Sept de Coupes

57 Grand amour, relations sentimentales intenses, inspiration, imagination créatrice, succès personnel.

Huit de Coupes

58 Crise relationnelle et affective, changement dans la vie amoureuse, passion sensuelle, irrépressible, jalousie.

Neuf de Coupes

59 Idéalisme, rencontre au cours d'un voyage ou dans un autre milieu social, besoin d'aimer et d'admirer, sentiments profonds.

Dix de Coupes

60 Union, harmonie relationnelle, affective, amoureuse, bonheur, naissance, succès d'une création, joie partagée.

Valet de Coupes

61 Sentiments nouveaux, rencontre, jeune homme romantique, sympathique, sociable, imaginatif.

Cavalier de Coupes

62 Enthousiasme, ardeur amoureuse, séduction, messager de l'amour, invitation, joie qui vient.

Reine de Coupes

63 Dévouement, compréhension, affection, douceur, femme sentimentale, tendre, généreuse, bienveillante.

Roi de Coupes

64 Triomphe des sentiments, vie amoureuse rayonnante, homme bon, loyal, sincère, stable et bienveillant.

Les 56 arcanes mineurs
Les Deniers

As de Deniers

65 Puissance ou réussite financière, prospérité, richesse, gains ou revenus importants.

Deux de Deniers

66 Différend ou conflit pour des questions d'argent, désaccord ou litige financier, choix entre deux possibilités de gains.

Trois de Deniers

67 Bons résultats financiers, mouvements d'argent, profits et dépenses équilibrés, petits achats, prêt.

Quatre de Deniers

68 Situation financière stable et équilibrée, transaction, achat d'un bien immobilier, acquisition durable.

Cinq de Deniers

69 Amélioration des revenus, rentrée d'argent, expansion logique et raisonnable de la situation financière.

Six de Deniers

70 Difficultés financières, dettes, petits gains au jour le jour, vie modeste, dépenses de santé ou pour la vie quotidienne.

Sept de Deniers

71 Actions, initiatives et entreprises fructueuses, à l'origine d'un net progrès de la situation financière, chance, réussite matérielle.

Huit de Deniers

72 Héritage, emprunt, vente, gain inattendu ou perte d'un revenu, restrictions, problèmes d'argent.

Neuf de Deniers

73 Ambition, spéculations, négociations, expansion de la situation financière, revenus en relation avec l'étranger.

Dix de Deniers

74 Grande réussite financière, situation prospère, entreprise lucrative, augmentation des gains.

Valet de Deniers

75 Lettre, message, nouvelle concernant la situation financière, rentrée d'argent ou démarches pour obtenir une augmentation.

Cavalier de Deniers

76 Habileté à gagner sa vie, à faire des affaires, perspicacité, bons calculs, conseiller financier.

Reine de Deniers

77 Situation riche, vie familiale prospère, femme généreuse mais économe, intéressée, gestion prudente des biens.

Roi de Deniers

78 Pouvoir financier, homme d'argent, maître de sa situation, prévoyant, prospère.

Les interprétations de votre tirage

Premier Arcane :
VOTRE ÉTAT GÉNÉRAL

01 ◆ Le Bateleur
Sociable, communicatif, éloquent, soucieux de cultiver des relations intelligentes, vous semblez dans un excellent état d'esprit. Vos facultés cérébrales toujours en éveil et en mouvement vous confèrent une certaine forme de juvénilité, vous évitant ainsi de vous fixer dans des états, vous permettant, en revanche, de faire preuve d'une grande mobilité mentale, d'un pouvoir d'adaptation salutaire. Ces derniers vous rendent influençable et instable, mais vous vous ressaisissez au bon moment pour retrouver votre libre arbitre.

02 ◆ La Papesse
La prudence apparaît comme votre seconde nature. Vous prenez ainsi de multiples précautions pour préserver votre bien-être ; ou bien, jamais dupe de vous, très attentif à vos sensations, aux moindres signes avant-coureurs d'un quelconque malaise ou d'une maladie, vous réagissez discrètement mais promptement. Toutefois, il se peut aussi que vous refusiez non pas d'accepter, mais de dévoiler vos faiblesses, de confier vos craintes, inquiétudes fondées ou non, relatives à votre état de santé.

03 ◆ L'Impératrice
Vous bénéficiez d'un organisme sain, d'une vitalité non moins saine, l'un et l'autre légèrement fragilisés cependant par l'importance que vous accordez à vos sentiments. Votre bien-être et votre équilibre reposent en effet sur une certaine harmonie relationnelle et affective sans laquelle vous ne pouvez vous sentir détendu ou serein. Rien ne semble toutefois pouvoir déstabiliser votre solide bon sens. En vous appuyant sur lui, vous parvenez ainsi toujours à reprendre le dessus ou à vous remettre.

04 ◆ L'Empereur
D'emblée, vous semblez convaincu que rien ne peut vous perturber, vous déstabiliser ni vous atteindre. Courageux mais soucieux de vivre en toute sécurité, dans des conditions matérielles confortables, vous ne prenez jamais de risque et ne faites jamais plus d'effort qu'il ne vous semble nécessaire. Vous vous préservez ainsi de tout ce qui vous paraît malsain, contre nature, mais vous n'en commettez pas moins quelques excès dus le plus souvent à votre trop grande sensualité ou à votre gourmandise.

05 ◆ Le Pape
Raisonnable, sérieux, équilibré, constant dans vos choix, vous assumez votre devoir et vos responsabilités avec une aisance remarquable, ne reculant jamais devant l'effort. Vous prenez soin de vous, mais sans plus. Ne commettant aucun excès, vous fiant toujours à votre expérience, vous considérez que vous vous épargnez tout risque de maladie grave. Vous ne tenez peut-être pas suffisamment compte de votre fatigue cependant. Le poids de vos charges peut en effet se révéler plus lourd qu'il n'y paraît.

06 ◆ L'Amoureux
Vous hésitez souvent entre deux attitudes, deux penchants. Tantôt vous cédez à vos inclinations natu-

relles vous poussant à tenter de multiples expériences, à goûter à des plaisirs variés, à vivre au jour le jour, au gré des circonstances et opportunités, tantôt vous vous montrez beaucoup plus résolu et déterminé dans vos choix. Toutefois, en jouant ainsi sur les deux facettes de votre personnalité, vous ne demeurez jamais inerte et, finalement, vous parvenez à trouver un certain équilibre.

07 ◆ Le Chariot
Vous vous distinguez par votre volonté d'agir et d'aboutir, bravant les obstacles et difficultés sans jamais vous décourager. De fait, vous disposez d'excellentes ressources vitales et d'une belle énergie stimulée qui plus est par les efforts que vous fournissez. Pour vous sentir toujours en forme en effet, vous avez besoin d'action, de mouvements, d'un objectif à atteindre. Une nouvelle initiative, un changement ou un déplacement, devrait vous donner entière satisfaction et vous tonifier.

08 ◆ La Justice
Rigoureux et discipliné, vous bénéficiez d'un excellent équilibre reposant toutefois sur des valeurs morales, des principes ou convictions un peu trop rigides. Sinon sur la défensive, du moins méfiant, vous manquez parfois de souplesse ou de fantaisie en effet, vous interdisant tout laisser-aller. Mais puisqu'en vous comportant de la sorte, vous vous préservez, cela vous convient très bien, finalement. Vous devez juste vous efforcer de vous détendre un peu plus pour éviter de vivre sous tension.

09 ◆ L'Ermite
Connaissant bien vos limites, vous agissez avec prudence, soucieux d'exploiter vos ressources vitales se régénérant lentement, et votre force physique, avec discernement. Vous faites preuve d'une extrême patience et d'une endurance étonnante. Toutefois, si vous venez de prendre conscience de vos faiblesses ou de symptômes qui vous inquiètent, vous savez très exactement comment agir ou réagir pour résoudre vos problèmes. Vous ne prenez votre décision qu'après mûre réflexion, cependant.

10 ◆ La Roue de Fortune
Vous passez fréquemment par des hauts et des bas, vous sentant très en forme, au maximum de vos possibilités, puis brusquement épuisé, très en dessous de vos moyens. Très enclin à somatiser, la plus petite joie ou la plus infime contrariété influe beaucoup sur votre état général. Vous éprouvez des difficultés à trouver et conserver un bon équilibre. Cependant, d'un autre côté, ne vous fixant jamais dans un état, vous jouissez finalement d'un excellent système immunitaire.

11 ◆ La Force
Votre courage, votre tranquille détermination, reposent sur une certaine force intérieure, une maîtrise de soi qu'aucun événement extérieur ne semble capable d'ébranler. Vous ne reculez jamais devant l'effort, semblant accomplir avec aisance, parfois même avec une facilité déconcertante ce qui apparaît à d'autres au-dessus de leurs forces. Conscient de vos limites, vous ne les dépassez jamais. N'en négligez pas vos faiblesses pour autant et surveillez votre tension.

12 ◆ Le Pendu
De deux choses l'une, soit vous vous sentez détendu, légèrement indolent, vivant à votre rythme mais vous manquez de libre arbitre ou bien vous vous révélez plus dupe de vous-même qu'il n'y paraît, soit vous subissez les conséquences de vos excès ou négligences, auquel cas vous devez très sérieusement vous préoccuper de retrouver votre bien-être, prendre soin de vous. Dans l'un et l'autre cas, prenez de fermes dispositions et agissez aux fins de vous remettre sur pied, sans vous faire violence pour autant.

13 ◆ La Mort
Un changement radical s'impose dans vos mode et hygiène de vie qui ne semblent pas appropriés à votre bien-être. N'hésitez plus à prendre de fermes résolutions à cet égard, à éliminer ce qui doit l'être, à tourner une page de votre vie si cela s'avère nécessaire. Vous pouvez tout à fait vous régénérer. Cependant, pour y

parvenir, vous devez prendre conscience des excès que vous avez commis par le passé ou, tout simplement, des faiblesses que vous avez négligé de prendre en considération jusqu'à présent.

14 ◆ La Tempérance

Vous semblez bénéficier d'un excellent système immunitaire, vos ressources vitales se régénérant sans aucune défaillance. Par ailleurs, vous vous sentez très détendu, sans jamais vous montrer négligent pour autant. Votre esprit bienveillant et votre grande curiosité intellectuelle favorisent sûrement votre bien-être. Cependant, il vous arrive parfois de vous rendre victime de vos émotions en lesquelles, pourtant, vous puisez une grande source d'inspiration et de multiples impressions stimulantes.

15 ◆ Le Diable

Toujours impatient de satisfaire vos désirs auxquels vous ne résistez jamais, vous vivez tout avec excès. Votre tempérament ardent, puissant, votre endurance, favorisent chez vous l'exercice d'une emprise sur la vie matérielle, une exacerbation de vos sens et une très forte possessivité. Ignorant délibérément vos limites, vous prenez des risques, notamment celui de mettre tôt ou tard votre bien-être en péril. Vous devez apprendre à vous détendre, à tempérer votre excessive avidité.

16 ◆ La Maison-Dieu

Vous semblez en proie à une grande nervosité, hyperémotif, bouleversé ou en état de choc. Victime d'une humeur explosive, vous ne parvenez pas à garder votre sang-froid. Ou bien vous bouillez à l'intérieur, tant et si bien que vos réactions imprévisibles, impulsives, irréfléchies vous font commettre des imprudences. Évitez de vous exposer, de prendre des risques inutiles. Essayez de rester au calme, de vous détendre, de rien brusquer en vous et autour de vous.

17 ◆ L'Étoile

Vous vous sentez serein, bien inspiré, sachant très exactement comment vous y prendre pour préserver votre bien-être. Vous semblez en effet bénéficier d'un excellent pouvoir de régénération ou bien vous savez agir ou réagir au bon moment, vous adapter avec bonheur aux circonstances, sachant renforcer vos défenses naturelles. Votre saine vitalité dont vous n'abusez pas, vous rend d'un commerce agréable, très disponible, réceptif aux autres, sociable et communicatif.

18 ◆ La Lune

Des soucis, problèmes, contrariétés en tout genre, se trouvent sans doute à l'origine de votre état général préoccupant. Vous vous sentez affaibli en effet, hypersensible, vulnérable aux changements de température et aux virus, ou tout simplement victime d'un mal sournois. Dans tous les cas, prenez des précautions pour surmonter vos faiblesses. Ne laissez pas votre état s'aggraver. En prenant des résolutions énergiques dans le but de vous soigner, vous devriez vous rétablir très rapidement.

19 ◆ Le Soleil

Vous vous portez comme un charme. Vous vous sentez en pleine forme, rayonnant, votre équilibre vital reposant sur votre vie affective et amoureuse, saine, sereine, très heureuse. Toutefois, la moindre mésentente ou le plus petit désaccord vous perturbe à ce point qu'il vous arrive parfois de vous voiler la face à ce sujet. Les informations révélées par la deuxième carte de votre tirage vous permettront de savoir si vous vous faites des illusions ou si, à l'inverse, vous bénéficiez d'un authentique bien-être.

20 ◆ Le Jugement

Si vous venez de rencontrer de petits ou sérieux problèmes de santé, vous vous trouvez actuellement dans une phase de profond et total rétablissement. De même, si vous vous trouvez plongé dans une situation difficile, vous occasionnant des troubles ou symptômes étranges, diminuant vos capacités, tout semble sur le point de s'arranger au mieux de vos intérêts. Vous allez retrouver votre forme physique et morale, vivre un véritable renouveau, entrer dans un nouveau cycle.

21 ◆ Le Monde
Pleinement épanoui, parfaitement serein, vous vous sentez au mieux de votre forme. Vous aspirez ainsi à élargir vos horizons, à prendre le large, à vous confronter à l'inconnu. Si vous projetez un voyage, celui-ci a toutes les chances de se dérouler selon vos prévisions, de vous satisfaire pleinement. Sinon, vous traversez une période de votre vie, pleine de nouvelles perspectives enthousiasmantes.

22 ◆ Le Mat
Énergique, impulsif, très indépendant, vous éprouvez le besoin de vous extérioriser, de dépenser vos énergies. Rien ni personne ne semble pouvoir vous empêcher d'agir, de partir, d'atteindre votre but. À moins qu'il vous soit nécessaire d'entreprendre une démarche dans le but de retrouver ou d'améliorer votre bien-être. Ou bien, vous vous montrez indomptable, imprudent, refusant obstinément d'écouter les conseils que l'on vous prodigue et, ce faisant, vous mettez votre bien-être en péril.

23 ◆ As de Bâtons
Vous faites preuve d'une grande fermeté et d'une non moins grande détermination. Si vous mettez de telles qualités au service de la préservation de votre bien-être, tout va bien. À l'inverse, si vous vous montrez hermétique aux conseils, tandis que vous commettez des excès, des imprudences ou que vous vivez sous tension en permanence, vous mettez évidemment votre bien-être en péril. À vous de savoir, en conscience, dans quel cas de figure vous vous trouvez.

24 ◆ Deux de Bâtons
Pour préserver ou retrouver votre bien-être, vous devez soit faire un choix draconien sans plus attendre, soit trouver un juste milieu entre deux options apparemment contradictoires, qui se présentent à vous, susceptibles de vous aider dans votre démarche. D'autre part, si un conflit qui ne vous concerne pas directement vous apparaît comme la cause de votre mal-être ou de symptômes avant-coureurs d'un problème pouvant se révéler plus grave, n'hésitez pas à trancher catégoriquement.

25 ◆ Trois de Bâtons
La situation désordonnée dans laquelle vous vous trouvez semble un mal nécessaire, un cap éprouvant que vous devez passer pour évoluer vous-même ou faire progresser votre situation. Qu'elle engendre de petits malaises, ou une grande fatigue parfois, ne doit pas vous inquiéter outre mesure. Une fois que vous serez parvenu à vos fins, que tout sera rentré dans l'ordre et si, entre-temps, vous ne commettez ni excès, ni imprudence, vous retrouverez tout naturellement votre bien-être.

26 ◆ Quatre de Bâtons
Pour vous maintenir en forme, préserver votre équilibre, vous ne devez jamais relâcher vos efforts, prendre de multiples précautions, adopter une ferme autodiscipline et une hygiène de vie rigoureuse. Dans ces conditions exclusivement, vous trouverez en vous toutes les ressources dont vous avez besoin pour accomplir vos tâches, exercer vos activités, exploiter vos talents, vivre aussi sainement et sereinement que possible. Dans le cas contraire, vous vous mettez en péril.

27 ◆ Cinq de Bâtons
Ne négligez aucun détail susceptible d'améliorer votre hygiène de vie et votre confort personnel. Vous semblez confronté à des difficultés de tous ordres, mais votre avenir est prometteur. Ne vous laissez pas influencer. N'accordez votre confiance qu'après mûre réflexion. De fait, si vous devez faire un choix de vie important, si vous vous trouvez dans une situation instable ou bien si, tout simplement, votre état de santé vous inquiète, ne prenez aucune décision sur un coup de tête.

28 ◆ Six de Bâtons
Qu'elle concerne votre vie matérielle, relationnelle ou votre bien-être, vous vous trouvez apparemment dans une situation contraignante, inextricable. Vous devez prendre une décision, agir ou réagir avec fermeté, détermination, sans fléchir. C'est l'unique moyen de vous en sortir, de vous débarrasser une fois pour toutes de vos problèmes, sachant que

toute initiative de votre part se révélera salutaire. Vous pourrez ainsi retrouver votre bien-être.

29 ◆ Sept de Bâtons
La santé, parfois, se mérite. Pour l'obtenir et la conserver en effet, vous devez faire des efforts. Il ne dépend que de vous, de votre comportement, de bien ou mal vous porter. De fait, si vous envisagez de prendre des initiatives en vue d'adopter un mode de vie plus approprié à votre bien-être, agissez sans crainte et sans hésitation. Vous faites le bon choix et prenez la bonne décision en effet. Une fois qu'elle sera scellée cependant, ne vous endormez pas sur vos lauriers.

30 ◆ Huit de Bâtons
On vous impose sans doute un changement important qui, dans un premier temps, semble vous perturber. Cependant, vous réalisez très vite qu'il vous apporte un grand soulagement. Ainsi, si les circonstances ou des événements indépendants de votre volonté vous contraignent ou vous poussent à changer de mode ou d'hygiène de vie, prenez-en votre parti, sachant que, au bout du compte, il s'agira d'une transformation heureuse et salutaire, favorisant sans conteste votre bien-être.

31 ◆ Neuf de Bâtons
Si vous vous portez plutôt bien, vous devriez vous sentir mieux encore dans les mois ou années à venir. Vous semblez en effet pourvu d'un caractère patient, tenace, avisé, soucieux d'évoluer avec le temps, très désireux d'acquérir puis de préserver un bon équilibre. Si vous rencontrez des problèmes de santé en revanche, vous vous montrez tout aussi sage et déterminé, mais vous devez produire beaucoup d'efforts pour retrouver votre bien-être, ayant apparemment affaire à un mal tenace.

32 ◆ Dix de Bâtons
Il semble que de très belles perspectives s'offrent à vous, votre situation connaissant une belle expansion ou votre vie un renouveau. Quoi qu'il en soit, pour en profiter pleinement ou vous montrer à la hauteur de ces circonstances bénéfiques, vous devez prendre soin de vous. Tout laisse à croire que vous jouissez d'un bon état général, d'une vitalité saine. Cependant, pour vous donner les meilleures chances de réussite dans vos entreprises, renforcez encore votre bien-être en prenant de sages précautions.

33 ◆ Valet de Bâtons
Ou bien votre question concerne un jeune homme sérieux, curieux, très désireux de s'instruire, d'acquérir un savoir-faire dans un secteur de la santé ; ou bien vous venez de solliciter une personne compétente, afin qu'elle étudie votre cas, entreprenne des investigations vous concernant, relatives à votre état général. Elle ne devrait pas tarder à vous révéler les fruits de ses recherches. Pour en prévoir les résultats, relevez les informations indiquées par la deuxième carte de vote tirage.

34 ◆ Cavalier de Bâtons
Vous ne restez pas les deux pieds dans le même sabot. Vous éprouvez en effet le besoin d'extérioriser vos énergies, d'agir, d'entreprendre et, semble-t-il, vous pouvez exercer votre libre arbitre sans frein d'aucune sorte. Vous allez bien en effet. Toutefois, si vous vous inquiétez à propos de votre santé, vous apprenez une très bonne nouvelle à ce sujet, qui vous réconforte ou vous donne un blanc-seing pour agir à votre guise.

35 ◆ Reine de Bâtons
Montrez-vous extrêmement attentif à tous les détails. Ne laissez rien au hasard. Prenez les choses en main. Vous semblez confronté à une situation difficile ou une circonstance pénible qui réclame toute votre vigilance en effet. S'il s'agit d'un problème de santé vous concernant ou touchant l'un de vos proches, sachez que vous disposez de nombreux atouts personnels et facteurs extérieurs propices à sa résolution. Toutefois, pour y parvenir, faites preuve de courage et de persévérance.

36 ◆ Roi de Bâtons
Pour acquérir et préserver un solide bien-être, vous devez faire preuve de courage, de fermeté, de

rigueur morale, d'autodiscipline. Si tel est le comportement que vous avez adopté depuis longtemps, vous n'avez aucune crainte à avoir. Cela signifie en effet que vous savez surmonter vos faiblesses, exerçant une belle maîtrise de soi. Toutefois, vos efforts réitérés et vos lourdes responsabilités vous épuisent parfois. Vous feriez bien de vous reposer, de vous détendre, de lâcher du lest.

37 ◆ As d'Épées

Vous devez faire un choix, prendre une décision radicale, énergique ou une initiative audacieuse, spectaculaire, sans plus attendre. Si vous vous trouvez confronté à un problème de santé par exemple ou si vous bénéficiez d'une opportunité de vivre dans des conditions plus propices à votre épanouissement personnel, agissez avec promptitude et courage pour retrouver votre bien-être dans le premier cas de figure, obtenir satisfaction dans le second cas.

38 ◆ Deux d'Épées

Vous semblez partagé entre deux attitudes contradictoires, parfois même antagoniques, qui nuisent à votre équilibre et à votre bien-être. Tantôt vous vous montrez compréhensif et permissif en effet, tantôt méfiant, provocateur, querelleur. Ce double visage que vous adoptez se trouve ainsi à l'origine de vos tensions, engendrant des perturbations dans votre organisme.
Essayez de vous détendre, de trouver un juste milieu entre ces deux comportements opposés, de vivre en paix avec vous-même.

39 ◆ Trois d'Épées

Vous vous caractérisez par un esprit vif, une imagination fertile, des idées originales, une grande curiosité intellectuelle. Vous éprouvez ainsi le besoin d'élaborer des plans et projets tous plus intéressants les uns que les autres, d'approfondir vos connaissances, de réfléchir, débattre, échanger des points de vues. De fait, votre équilibre semble reposer sur vos facultés cérébrales que vous exploitez à bon escient. Ne négligez pas de faire quelques exercices physiques, cependant.

40 ◆ Quatre d'Épées

Vos excellents réflexes intellectuels, votre esprit pratique et concret, constituent vos deux meilleurs atouts, sur lesquels repose votre équilibre moral et vital. Réaliste et pragmatique en effet, vous ne croyez que ce que vous voyez et expérimentez. Avec vous, aucun problème ne reste sans solution et, lorsque vous avez une idée, vous n'avez de cesse de la mettre en application. Tout cela augure d'un comportement sain vous conférant un certain bien-être.

41 ◆ Cinq d'Épées

Vos idées nobles et généreuses, vos belles convictions, vous rendent très combatif. Vous ne vous contentez pas d'avoir des opinions en effet, vous les défendez avec fougue et passion. Vous jouissez ainsi d'un tempérament vif, énergique, d'une belle constitution dont, apparemment, vous n'abusez pas. S'il vous arrive de prendre des risques, c'est toujours en connaissance de cause, après mûre réflexion. Ainsi, vous bénéficiez d'un réel bien-être, sachant agir d'une manière préventive lorsqu'il le faut.

42 ◆ Six d'Épées

Vous ne vous sentez sûrement pas au mieux de votre forme. De nombreuses vicissitudes, des problèmes en tout genre, des relations troublées avec votre entourage, vous plongent dans une certaine dépression morale pouvant avoir de fâcheuses répercussions sur votre bien-être. Vous devez ainsi vous ressaisir, prendre des résolutions énergiques pour vous remettre, retrouver votre bonne humeur et votre tonus. Les informations révélées par la seconde carte de votre tirage devraient vous éclairer à ce sujet.

43 ◆ Sept d'Épées

Pourvu d'une belle force de caractère et d'un esprit brillant, vous ne reculez jamais devant les obstacles ou les difficultés. Énergique et combatif, vous imposez vos choix, désirs, volontés, affirmez votre personnalité, allez de l'avant. Vous péchez par présomption cependant, ou vous abusez de vos ressources, ne tenant pas compte de vos limites physiques. Toutefois, ne vous avouant jamais vaincu, si vous vous sentez affaibli, vous réagissez promptement pour retrouver votre belle vitalité.

44 ♦ Huit d'Épées
Vous vous montrez souvent trop impulsif ou risque-tout, ne prenant aucune précaution lorsque vous voulez obtenir satisfaction, gain de cause ou imposer vos idées. De fait, vous vous trouvez sûrement plongé dans une situation conflictuelle troublant votre sérénité et perturbant sérieusement votre bien-être. Si vous poursuivez dans cette voie, vous risquez même de mettre votre santé en péril. Changez d'attitude et mettez bon ordre à cette situation le plus rapidement possible.

45 ♦ Neuf d'Épées
Votre sens moral, vos solides convictions, votre culture, constituent les fondements de votre équilibre personnel. Expansif et généreux, vous aspirez toujours à en savoir plus, à vous confronter à l'inconnu, à faire des découvertes enrichissantes. Cependant, malgré votre esprit éclairé, vous prenez peu soin de vous. Bien sûr, si vous jouissez d'une saine et sereine vitalité, vous n'avez aucune raison de vous inquiéter. En revanche, si vous ressentez quelques petits malaises, montrez-vous plus attentif à la sauvegarde de votre bien-être.

46 ♦ Dix d'Épées
Ce qui semble vous préoccuper dans le bon sens du terme, c'est le succès d'estime que vous obtenez, la reconnaissance de vos mérites, une réussite personnelle que vous ne devez qu'à vos efforts et qualités. Si toutefois vous fûtes éprouvé par des problèmes en rapport avec votre santé, vous pouvez croire qu'il s'agit de mauvais souvenirs. Non seulement vous vous trouvez au mieux de votre forme en effet mais, de plus, vous semblez parfaitement maître de vous-même et de votre situation.

47 ♦ Valet d'Épées
L'esprit vif, très perspicace, vous cherchez toujours à vous singulariser. Vous faites preuve de beaucoup d'imagination en effet, et vos idées originales étonnent, surprennent ou intéressent beaucoup votre entourage. Toutefois, vous semblez plus doué pour élaborer des plans et projets que pour les réaliser. Ou bien, vous vous épuisez nerveusement et parfois même physiquement, à courir après des rêves impossibles. Attitude qui, bien sûr, nuit à votre équilibre.

48 ♦ Cavalier d'Épées
Très courageux, fermement déterminé à vaincre vos difficultés, surmonter les obstacles qui se dressent devant vous, si vous vous trouvez confronté à un problème de santé, vous n'avez de cesse de le résoudre. Dans ce but, vous ne relâchez jamais vos efforts, convaincu que vous pouvez réussir. Évidemment, une telle attitude volontaire et obstinée ne peut que favoriser votre prompte guérison, si vous êtes malade, ou vous garantir de la sauvegarde de votre bien-être.

49 ♦ Reine d'Épées
Si vous vous sentez souffrant ou affaibli, rassurez-vous, l'apparition de cette carte dans votre tirage vous annonce un très prompt rétablissement suivi d'un regain de vitalité. Toutefois, tout laisse à croire que vous êtes une personne passionnée, intelligente certes, mais aussi impatiente, vous nourrissant en permanence d'actions et d'initiatives. Vous bénéficiez d'excellentes ressources vitales à ce qu'il semble. N'abusez pas de vos forces cependant, et sachez ne rien faire de temps à autre.

50 ♦ Roi d'Épées
Vous faites votre loi. Vous imposez vos choix, désirs, volontés. Conscient de vos qualités et de votre pouvoir d'action, vous savez concrétiser vos idées et projets, passant aisément de la conception à l'acte sans précipitation. Toutefois, vous ne prenez pas suffisamment soin de vous, considérant, à raison, que vous bénéficiez d'excellentes ressources vitales. Elles ne suffisent pas à vous garantir un réel bien-être cependant. Si vous commettez des imprudences ou négligences, vous risquez ainsi de mettre votre santé en péril.

51 ◆ As de Coupes
Tout va bien. Vous jouissez en effet d'un réel confort affectif, d'une vie relationnelle harmonieuse. Vous-même, vous vous montrez très tendre, attentif, aimant, dévoué à ceux que vous aimez. Toutefois, vous devez prendre conscience que votre équilibre moral et vital repose entièrement sur la bonne entente qui règne autour de vous. De ce fait, il dépend beaucoup des autres et des circonstances. Ce qui, finalement, vous rend plus vulnérable que vous voulez bien le croire.

52 ◆ Deux de Coupes
Soit vous vous montrez excessivement passionné, soit vous menez de front, simultanément, deux relations amoureuses, soit vous vous trouvez en désaccord avec votre compagne ou compagnon. Quoi qu'il en soit, dans tous les cas, quand bien même aucun symptôme ou signe avant-coureur ne se serait encore manifesté, vous vivez sous pression, tendu, sur le qui-vive, déchiré entre deux attitudes contradictoires. Vous devez faire un choix pour retrouver votre bien-être.

53 ◆ Trois de Coupes
Aimable, sociable, communicatif, légèrement insouciant, vous appréciez la vie mondaine, les invitations, sortir, recevoir. Vous éprouvez toujours le besoin de vous sentir aimé, voulant sans cesse qu'on vous témoigne des preuves d'affection. D'une grande sensualité, vous résistez rarement à la tentation, abusant fréquemment des plaisirs de la vie. Toutefois, si vous semblez effectivement bénéficier d'une bonne santé et d'un solide appétit de vie, vos excès à répétition, risquent de perturber votre bien-être.

54 ◆ Quatre de Coupes
Assumant avec beaucoup de bonheur le rôle du chef de famille, vous régnez en maître au sein de votre foyer, rayonnant dans votre vie familiale. Il s'avère cependant que la sauvegarde obstinée de l'harmonie de votre petit noyau relationnel occupe systématiquement toutes vos pensées à l'exclusion de toute autre préoccupation. Il vous arrive ainsi de vous épuiser à la tâche pour vous dévouer corps et âme à ceux que vous aimez, au détriment de votre propre bien-être.

55 ◆ Cinq de Coupes
Vous semblez très préoccupé par votre vie amoureuse et cela vous rend fébrile, très émotif. Vous aspirez ainsi à satisfaire vos désirs, accomplir vos vœux et, dans ce but, vous faites appel à toutes vos ressources vitales, à toute votre énergie. Ou bien, vous souhaitez réaliser une œuvre personnelle, une création, quelque chose de neuf dans votre vie et, là encore, vous donnez le meilleur de vous-même pour parvenir à vos fins. Dans les deux cas, vous avez de grandes chances d'aboutir.

56 ◆ Six de Coupes
Votre vie affective, vos relations sentimentales manquent d'harmonie et de sérénité. Vous vous sentez insatisfait ou déçu, ne parvenant ni à aimer ni à être aimé selon vos souhaits ou vos attentes. Inquiet, pessimiste ou nostalgique, vous manquez de ressort, de courage, de volonté. Votre mauvais moral risque alors de perturber votre métabolisme, engendrant des effets fâcheux, de petits maux sans gravité que vous ne devez toutefois pas prendre à la légère.

57 ◆ Sept de Coupes
Votre bon équilibre moral et vital repose entièrement sur vos relations affectives et amoureuses très harmonieuses. Vous vous sentez ainsi très épanoui, serein, spontanément expansif et généreux. Disponible et dévoué, vous vous montrez particulièrement réceptif aux personnes que vous aimez et, au-delà, à toutes les personnes qui gravitent autour de vous. Vous allez bien, ne commettez pas d'excès, sachant intelligemment vous préoccuper de la sauvegarde de votre bien-être.

58 ◆ Huit de Coupes
Pourvu d'un caractère passionné et d'une très forte sensualité, vous ne parvenez pas à vivre vos relations amoureuses d'une manière paisible et harmo-

nieuse. Vous courez après les satisfactions des sens, vous montrant possessif, exclusif, tyrannique, sans arriver à adopter vous-même une ligne de conduite digne de l'estime et de l'amour que l'on vous porte. Ainsi, vous commettez de nombreux excès. Si vous persistez dans ces attitudes, vous risquez fort de mettre votre bien-être en péril tôt ou tard.

59 ◆ Neuf de Coupes

Vous allez bien, jouissant en effet d'une situation confortable, d'une vie affective agréable, équilibrée, de relations amoureuses sereines, basées sur des solides affinités, une estime mutuelle. Votre bon caractère et votre générosité forcent la considération de votre entourage. Il n'empêche, vous aspirez souvent à vous évader, partir, voyager, changer de cadre de vie ou d'horizon. Cela semble indispensable à votre équilibre. Vous confronter à l'inconnu apparaît ainsi comme une nécessité vitale, en ce qui vous concerne.

60 ◆ Dix de Coupes

Épanoui, heureux, vous vous sentez en osmose parfaite avec votre cadre de vie et les personnes de votre entourage. De plus, vous semblez jouir d'une excellente vitalité pleine de ressources dont vous n'abusez pas. Pourtant, vous n'êtes ni avare de vos actes ni économe de vos initiatives. Entreprenant, optimiste, vous voyez toujours le bon côté des choses, le verre à moitié plein plutôt qu'à demi-vide. On peut se fier et se confier à vous en toutes circonstances. Votre bien-être est total.

61 ◆ Valet de Coupes

Un événement inattendu mais heureux, une bonne nouvelle que vous apprenez, ou une rencontre que vous faites dans des circonstances insolites, vous stimule moralement et physiquement, au point que vous éprouvez un profond bien-être, une joie sereine. Plus confiant en vous, plus conscient de vos vraies qualités également, vous vous sentez capable d'accomplir vos vœux, de réaliser vos projets ou de satisfaire vos ambitions.

62 ◆ Cavalier de Coupes

Expansif et dynamique en apparence, vous témoignez d'une nature secrète, nourrie d'aspirations idéalistes, tout particulièrement dans votre vie amoureuse où vous semblez animé par une quête d'absolu. Ainsi, vos relations sortent de l'ordinaire ou bien elles ne vous font pas vivre comme tout le monde, vous apportant tantôt beaucoup de joie, tantôt des déceptions dues à un mode de vie défiant les règles morales. Votre état général en est rendu plus vulnérable, instable, passant ainsi fréquemment par des hauts et des bas.

63 ◆ Reine de Coupes

Vous jouissez d'une vie harmonieuse, d'une situation stable, équilibrée, tout à fait satisfaisante. Ainsi, à raison, vous ressentez un profond bien-être, votre vitalité saine ne vous faisant jamais défaut. De plus, votre caractère aimable, votre bonne volonté et vos sentiments sincères, n'excluent pas une belle faculté de discernement qui ne vous rend dupe de personne et vous met à l'abri des déceptions. Toujours prêt à rendre service, d'une grande honnêteté, vous vous souciez peut-être un peu trop des autres au détriment de vous-même.

64 ◆ Roi de Coupes

Vous avez beaucoup de cœur, une grande sensibilité. Cependant, dans le but de vous ménager l'affection des personnes que vous aimez autant que par souci d'assumer vos devoirs et responsabilités, vous vous êtes forgé un caractère solide et fiable. Vous tenez ainsi le rôle d'un chef de famille ou d'entreprise, selon le cas, vous montrant toujours attentif, compréhensif, soucieux du bien-être d'autrui dont, selon vous, dépend votre propre bien-être.

65 ◆ As de Deniers

Vous jouissez d'une situation très avantageuse, prospère, que vous avez acquise grâce à vos efforts et mérites, semble-t-il. Très sûr de vous, de vos droits, prérogatives et possessions, vous forcez la chance en sachant toujours profiter des circonstances au mieux de vos intérêts. Votre confiance en soi et votre aisance ne signifient pourtant pas que vous bénéficiez d'un excellent bien-être. Pour en savoir plus à ce sujet, relevez attentivement les informations révélées par la deuxième carte de votre tirage.

66 ◆ Deux de Deniers
Vous vous trouvez plongé dans une relation conflictuelle, confronté à de réelles difficultés financières, voire dans une situation de plus en plus précaire. Évidemment, vos problèmes et contrariétés à répétition, ne favorisent pas votre bien-être, d'autant que, ne parvenant à trouver de solution ni de compromis, vous vous minez ou vivez sous tension en permanence. Essayez de lâcher prise. Imposez-vous un choix radical, salutaire, libérateur.

67 ◆ Trois de Deniers
Vous semblez très préoccupé par toutes sortes de transactions financières, soit que vous achetez ou vendez un bien, soit que vous exercez une activité commerciale. A priori, cette situation ne vous pose aucun problème particulier, d'autant que, par ailleurs, vous bénéficiez d'un excellent pouvoir de régénération qui vous ressource en permanence et vous rend relativement infatigable. La seconde carte de votre tirage vous éclairera sûrement sur l'évolution de votre bien-être.

68 ◆ Quatre de Deniers
Vous bénéficiez d'une situation très confortable, propice à votre bien-être. En effet, pourvu d'un caractère inquiet et calculateur, vous vous souciez toujours du lendemain. Vous aspirez ainsi à vivre en toute sécurité, disposant d'un confort matériel suffisamment solide et stable pour vous protéger des aléas de l'existence. Cela constitue votre préoccupation majeure semble-t-il, au détriment d'autres considérations d'ordre affectif et émotionnel qui risquent pourtant de perturber votre équilibre.

69 ◆ Cinq de Deniers
Vous débordez d'imagination et d'esprit d'initiative lorsqu'il s'agit d'augmenter vos gains et votre avoir.

Ambitieux et entreprenant, vous ne vous en montrez pas moins réaliste et prudent. Vous savez ainsi gérer votre argent aussi bien que votre temps, prendre le temps de vivre. A priori, rien ne semble perturber votre bien-être et vous n'avez aucun raison de vous préoccuper de votre santé. Consultez attentivement les informations révélées par la seconde carte de votre tirage.

70 ◆ Six de Deniers
Vous vous trouvez confronté à des difficultés financières de tous ordres qui, bien sûr, ne favorisent pas votre bien-être. Vous vous sentez ainsi légèrement déprimé. Soit vos frais, dépenses ou dettes ne vous laissent aucune marge de manœuvre, soit vous exercez des activités épuisantes, sans contrepartie financière à la hauteur de vos efforts. Vous devez réagir pour assainir et transformer votre situation au plus tôt, au risque d'en subir de fâcheuses répercussions sur votre état général.

71 ◆ Sept de Deniers
Vous bénéficiez de circonstances très bénéfiques vous donnant l'occasion d'augmenter votre pouvoir d'achat et de vivre dans des conditions beaucoup plus confortables. Dans ce but, vous faites preuve d'esprit d'initiative, exploitant ainsi toutes vos ressources vitales d'une grande richesse. Vous pouvez vous faire confiance, aller de l'avant, exercer votre libre arbitre, considérant en effet que votre état général est excellent.

72 ◆ Huit de Deniers
Vous vous trouvez à un tournant, dans votre vie professionnelle. Une décision va modifier votre carrière. Les circonstances ne vous donnent pas le choix, cependant, et cela vous plonge dans une situation financière délicate, due à l'arrêt d'un gain, à des pertes après de mauvais investissements ou à une gestion désastreuse de votre avoir. Toutefois, préoccupez-vous surtout de la sauvegarde de votre bien-être que de tels événements peuvent mettre en péril malgré vous, du fait que vous vous faites beaucoup de souci.

73 ◆ Neuf de Deniers
À la fois économe et généreux, vous vivez simplement mais confortablement. Vous ne prenez aucun risque apparemment, ne commettez nul excès, aussi conscient de vos limites que de la sauvegarde de votre bien-être. Cela ne vous empêche pas de donner le meilleur de vous-même, de vous dévouer aux autres, de vous dépenser sans compter quand les circonstances le réclament. Vous bénéficiez ainsi d'un excellent équilibre moral et vital.

74 ◆ Dix de Deniers
Grâce à votre esprit d'initiative, à votre pouvoir d'action, à votre sens pratique et à votre belle faculté de discernement, vous triomphez, obtenant une situation avantageuse, des revenus confortables, un succès bien mérité. Vous vous sentez ainsi stimulé par ces heureux événements qui se produisent dans votre vie, allant de l'avant sans aucun frein, exerçant pleinement votre libre arbitre. Cette période positive que vous traversez, ne peut que vous plonger dans un serein bien-être.

75 ◆ Valet de Deniers
Jusqu'alors, vous ne disposiez pas d'une réelle autonomie financière. Cependant, un heureux concours de circonstances vient de vous permettre d'acquérir une plus grande indépendance. Désormais, vous pouvez agir à votre guise, entreprendre, voire même élaborer et réaliser des projets. Cependant, pour savoir si vous ferez bon usage de votre nouveau libre arbitre et quelles conséquences vos choix et actes auront sur votre bien-être, considérez attentivement les informations révélées par la seconde carte de votre tirage.

76 ◆ Cavalier de Deniers
Vous vous montrez particulièrement économe autant de vos efforts, qu'en ce qui concerne vos dépenses. De fait, en toutes circonstances, vous vous efforcez de garder le contrôle de vous-même sans jamais dépasser vos limites, ainsi que la maîtrise des situations dans lesquelles vous vous trouvez ou des événements auxquels vous êtes confronté, sans jamais aller au-delà des possibilités dont vous disposez. Cette grande prudence ne peut que favoriser la sauvegarde de votre bien-être.

77 ◆ Reine de Deniers
Vous semblez avoir un sens inné du commerce ou la bosse des affaires, selon une expression populaire. Ainsi, quand bien même vous vous montrez précisément d'un commerce agréable, dans vos relations avec autrui, votre affabilité n'est jamais totalement désintéressée. De là à considérer que vous faites toujours passer votre intérêt avant celui d'autrui, il n'y a pas loin. Toutefois, ce comportement très personnel, quelque peu égoïste, vous isole parfois, vous plongeant dans un indicible mal-être.

78 ◆ Roi de Deniers
Tout ce qui compte pour vous, ce sont les résultats concrets que vous pouvez obtenir. À vos yeux en effet, rien n'est jamais gratuit, tout a un prix. Cet état d'esprit vous rend très pragmatique mais aussi un peu cynique parfois, vous privant ainsi d'une sereine joie de vivre et d'un authentique bien-être. Vous vous sentez sinon tendu en effet, du moins peu enclin à lâcher prise, à vous abandonner, à faire confiance, à vivre en paix. Montrez-vous moins calculateur, plus spontané.

Deuxième Arcane :
L'ÉVOLUTION

de votre état général,
ou comment agir pour retrouver
ou préserver votre bien-être

01 ◆ Le Bateleur
Retrouver ou sauvegarder votre bien-être ne dépend que de vous, des initiatives que vous allez prendre, de votre comportement. Vous ne manquez pas d'habileté, d'imagination ni de pouvoir d'adaptation en effet. Il vous suffit dès lors d'agir en vue de trouver un mode et une hygiène de vie qui vous conviennent, sachant que vous entrez sûrement dans une phase de votre vie durant laquelle vous vous trouverez très occupé. Fuyez l'instabilité et la dispersion et tout ira bien.

02 ◆ La Papesse
Si vous nourrissez des inquiétudes à propos de votre état de santé, vous trouverez du réconfort auprès d'une personne expérimentée qui vous révélera très précisément tout ce que vous voulez savoir. Écoutez et suivez ses conseils éclairés ou ses prescriptions selon le cas. Toutefois, vous devez bien comprendre que, pour sauvegarder ou retrouver votre bien-être ou votre vitalité, vous devez faire preuve de calme, de patience, de constance.

03 ◆ L'Impératrice
Vous pouvez compter sur l'aide affective et effective ou le soutien moral d'une personne proche de vous, pleine de bons sentiments à votre égard, attentive, dévouée, qui joue sûrement un rôle important dans la sauvegarde de votre bien-être. Sinon, si vous aviez des inquiétudes à ce sujet, vous allez retrouver prochainement votre saine vitalité ou bien, en faisant preuve de bon sens et en adoptant une bonne hygiène de vie, vous ne rencontrerez aucun problème.

04 ◆ L'Empereur
Vous pouvez compter sur le soutien d'une personne de votre entourage dont le caractère solide et fiable s'avère un authentique réconfort pour vous. Ou bien, on vous impose des règles assez strictes, des obligations morales et matérielles qui vous laissent peu de marge de manœuvre, mais favorisent la sauvegarde de votre bien-être. Ou encore, vous prenez vous-même des résolutions sérieuses, concrètes, dans le but de préserver votre bien-être ou retrouver une bonne santé.

05 ◆ Le Pape
Cet arcane figure souvent un médecin que vous consultez ou dont il serait souhaitable que vous sollicitiez les services, soit pour faire un bilan vous informant sur votre état général, soit pour vous prescrire des soins. Bien sûr, si votre santé vous préoccupe, l'apparition de cet arcane vous encourage vivement à consulter ledit médecin. Sinon, vous vous trouvez apparemment dans une situation saine, stable et fiable, favorisant la préservation de votre bien-être, quand bien même vous assumez d'importantes responsabilités.

06 ◆ L'Amoureux
Votre équilibre risque de demeurer instable du fait même que vous hésitez à faire un choix, à prendre une décision, ou qu'il semble tributaire d'un certain nombre de paramètres et facteurs extérieurs que vous ne maîtrisez pas. De plus, vous vous montrez par trop influençable ou insouciant, d'un point de vue moral et sur le plan affectif ou amoureux, ne vous préoccupant pas suffisamment de la sauvegarde de votre bien-être. Ressaisissez-vous !

07 ◆ Le Chariot
Très déterminé à agir, à aller de l'avant, à accomplir vos vœux, désirs ou ambitions, vous semblez jouir de circonstances et d'une période on ne peut plus propices à vos initiatives porteuses de succès. Vous bénéficiez ainsi d'une excellente vitalité. Par ailleurs, vous pourriez bien avoir l'opportunité d'entreprendre une démarche ou un déplacement et, là

encore, rien ne vous en empêche. Enfin, vous pouvez aussi apprendre une bonne nouvelle qui vous tonifiera.

08 ◆ La Justice

Soit vous devez impérativement vous soumettre à des règles, lois, principes stricts, rigides mais nécessaires à la sauvegarde de votre bien être, soit vous faites preuve d'une grande autodiscipline vous permettant de retrouver ou préserver votre équilibre. Mais vous pouvez aussi vous trouver dans un contexte stable où tout semble parfaitement bien organisé et planifié, qui contrarie votre épanouissement personnel, toutefois, ne vous laissant aucune marge de manœuvre.

09 ◆ L'Ermite

Une décision n'appartient qu'à vous ou bien vous vous montrez enclin à ne compter que sur vous-même. Vous cherchez ainsi, lentement mais sûrement, une solution à un problème, mais peut-être vous sentez-vous seul. Il se peut aussi que vous preniez conscience d'un fait ou d'un état vous concernant, sans connaître encore la bonne méthode pour agir ou réagir opportunément. Vous vous isolez pour ce faire, prenant tout votre temps pour réfléchir.

10 ◆ La Roue de Fortune

Votre vitalité aussi bien que votre situation personnelle risquent fort de passer par des hauts et des bas. Tantôt vous vous sentirez en pleine forme, stimulé par des événements heureux, des circonstances bénéfiques, tantôt vous ressentirez une certaine déprime morale et physique, due à des situations difficiles. Bien que vous ne fixiez jamais dans un état bon ou mauvais, étant beaucoup trop tributaire des circonstances, efforcez-vous d'acquérir un plus grand équilibre moral, une maîtrise de soi.

11 ◆ La Force

Quels que soient les événements auxquels vous vous trouvez confronté ou les circonstances de votre vie, vous exercez une parfaite maîtrise de soi et un non moins parfait contrôle des situations. Jouissant d'une belle vitalité, vous n'en abusez pas, ne vous départissant jamais d'un certain calme, d'une force tranquille, pur reflet de votre confiance en soi. Un tel comportement ne peut que favoriser votre bien-être.

12 ◆ Le Pendu

De deux choses l'une, ou bien vous subissez les conséquences de vos excès, négligences, manquements, d'une mauvaise hygiène de vie ou d'un certain laxisme en ce qui concerne votre santé, ou bien, à l'inverse, ayant su prendre de sages précautions ou jouissant d'un mode de vie propice à la sauvegarde de votre bien-être, vous vous sentez serein. Dans l'un et l'autre cas, vous manquez de libre arbitre cependant. Acceptez-en l'augure et tirez-en les conclusions qui s'imposent.

13 ◆ La Mort

Un changement radical vous semble imposé par les circonstances ou bien vous devez vous-même réaliser un tel changement dans votre mode de vie ou votre situation sans plus attendre. Au cas où vous vous trouveriez victime d'un problème de santé, l'apparition de cet arcane vous annonce la fin dudit problème. Sinon, attendez-vous à subir les conséquences de vos erreurs ou excès ou à récolter les fruits de vos bonnes attitudes, de vos initiatives salutaires, de vos choix et décisions.

14 ◆ La Tempérance

Au cas où cela ne saurait pas le cas, envisagez d'adopter un mode de vie plus calme, serein, de vous détendre, de ralentir votre rythme, laissant ainsi s'exprimer librement votre grande curiosité, votre inspiration et votre réceptivité aux autres, votre besoin d'échanges relationnels enrichissants, tous facteurs propices à une saine régénération de votre organisme et, bien sûr, à la préservation de votre bien-être. Bien sûr, si vous vivez déjà dans de telles conditions, tout va bien.

15 ◆ Le Diable

Vous semblez tenté par des moyens extrêmes ou bien vous ne résistez pas aux sollicitations extérieures. Ainsi, vous avez peut-être affaire à une personne ou à un entourage exerçant de fortes pressions sur vous, vous entraînant à vivre d'une manière passionnée, à faire des excès, à satisfaire leurs désirs et les autres sans retenue. À vous de bien estimer vos moyens, de savoir jusqu'où vous pouvez aller, sachant que si vous bénéficiez d'une intense vitalité, elle n'en a pas moins ses limites.

16 ◆ La Maison-Dieu
Vous allez vous retrouver confronté à des circonstances bouleversantes et déconcertantes, risquant fort de vous mettre en état de choc. Considérez ainsi que, plus vulnérable que vous le croyez, vous ne devez commettre aucune imprudence, ne rien faire qui sorte de l'ordinaire. Ou bien, si vous vous trouvez dans une situation apparemment sans issue, sachez qu'elle va se débloquer du jour au lendemain d'une manière salutaire, mais que cet événement ne sera pas sans conséquence sur votre équilibre.

17 ◆ L'Étoile
Vous semblez évoluer dans un cadre de vie, un contexte et une ambiance relationnelle très propices à votre bien-être et à votre épanouissement personnel. Bien inspiré, vous savez en tirer de nombreux avantages pour vous-même, sans vous montrer égoïste pour autant. De plus, les circonstances vous favorisent, puisqu'elles vous donnent l'occasion de pouvoir accomplir vos vœux ou de réaliser vos espoirs et projets.

18 ◆ La Lune
Apparemment, vous ne jouissez pas d'une bonne santé ou vous ne vous rétablissez pas aussi rapidement que vous le souhaitez. Vous vous sentez affaibli, vulnérable, soucieux. Ou bien, en raison d'un certain nombre de problèmes ou de circonstances difficiles en rapport avec votre vie familiale, votre état général risque de se détériorer. Prenez des précautions. Ou encore, vous n'évoluez pas dans un contexte ou un milieu relationnel propice à l'amélioration de votre santé ou à la sauvegarde de votre bien-être.

19 ◆ Le Soleil
Si cela s'avère nécessaire, une clarification vous permettra d'estimer très exactement vos limites et capacités physiques et morales, vous donnant ainsi l'occasion d'exploiter vos moyens avec bonheur, une certaine plénitude. Sinon, nul doute que vos relations et liens privilégiés favorisent votre bien-être. À moins bien sûr qu'une grande joie, un événement heureux surgissant dans votre vie très prochainement, vous comble tant et si bien que, grâce à elle ou a lui, vous vous sentez en pleine forme, optimiste et satisfait.

20 ◆ Le Jugement
En cas de problème de santé plus ou moins grave, l'apparition de cet arcane dans votre tirage vous annonce un prompt rétablissement dû sans doute aux mesures que vous avez prises ou aux soins que l'on vous a prodigués. Sinon vous allez bénéficier d'un regain de vitalité favorisant bien sûr votre dynamisme et votre pouvoir d'action. Ou bien, à la suite d'une situation nouvelle, d'un changement heureux, d'une proposition que l'on vous fait, vous retrouvez votre bien-être.

21 ◆ Le Monde
De superbes perspectives s'offrent à vous d'élargir vos horizons, qui, lorsqu'elles se trouveront enfin à votre portée, vous plongeront dans une certaine plénitude, un profond bien-être. Ou bien, vous possédez une faculté innée d'évasion, d'imagination, de rêverie, en laquelle vous vous ressourcez en permanence, qui favorise la sauvegarde de votre bien-être. Ou bien, vous évoluez dans un cadre de vie ou un contexte relationnel très propice au plein épanouissement de votre personnalité.

22 ◆ Le Mat
Vous entreprenez une démarche, un déplacement, un voyage peut-être, ou bien une personne de votre connaissance vient ou revient vers vous à grands pas. Dans l'un ou l'autre cas, cet événement vous plonge dans un profond bien-être. Ou bien, vous éprouvez le besoin de vous extérioriser, d'agir, d'entreprendre, de partir, de vous confronter à l'inconnu,

et vous allez bientôt pouvoir obtenir satisfaction. Ou bien encore, maître de vos pulsions et de vos états, vous assumez vos actes et leurs conséquences ; rien ne peut vous empêcher de poursuivre votre chemin.

23 ♦ As de Bâtons
Vous semblez très résolu, déterminé, sûr de vous et des moyens dont vous disposez. Votre pouvoir d'action vous permet ainsi d'imposer vos choix et décisions, ne doutant pas un seul instant des résultats que vous pouvez obtenir. Ainsi, tout laisse à croire que, quels que soient vos problèmes, vous saurez les résoudre en puisant en vous une force physique et morale qui vous permettra de vous rendre maître de la situation et de jouir pleinement de vos capacités.

24 ♦ Deux de Bâtons
Un choix s'impose à vous. Vous pourriez bien vous retrouver en opposition avec une personne de votre entourage ou confronté à un conflit susceptible de vous perturber, moralement et physiquement, du moins jusqu'à ce que vous vous décidiez à prendre une décision ferme et définitive. Quoi qu'il en soit, pour sauvegarder votre tranquillité et votre bien-être, attendez-vous à devoir prendre une résolution sur laquelle vous ne pourrez plus revenir, mais qui se révélera libératrice et salutaire.

25 ♦ Trois de Bâtons
Vous allez vous retrouver plongé dans une situation confuse. Ne vous découragez pas, cependant. Vous disposerez en effet de toutes les ressources morales et de l'énergie nécessaire pour vous en sortir, vous tirer d'affaire, surmontant ainsi cette épreuve difficile grâce à vos efforts tenaces et vos seuls mérites. Certes, vous ne devrez compter que sur vous-même. Malgré les tensions et la fatigue que vous ressentirez fréquemment, vous réussirez néanmoins à passer ce cap difficile.

26 ♦ Quatre de Bâtons
Pour vous maintenir en forme, préserver votre équilibre, ne relâchez pas vos efforts. Prenez de multiples précautions. Adoptez une ferme autodiscipline et une hygiène de vie rigoureuse. Dans ces conditions exclusivement, vous trouverez en vous toutes les ressources morales et physiques nécessaires à l'accomplissement de vos tâches. Vous pourrez ainsi exercer vos activités, exploiter vos talents, vivre aussi sainement et sereinement que possible. Dans le cas contraire, vous vous mettez en péril. Soyez vigilant.

27 ♦ Cinq de Bâtons
Si les circonstances vous donnent l'occasion d'améliorer votre hygiène de vie et votre confort personnel, ne soyez pas négligent. Vous serez sans doute confronté à des difficultés de tous ordres, mais de belles perspectives devraient s'offrir à vous. Ne vous laissez pas influencer. N'accordez votre confiance qu'après mûre réflexion. De fait, si vous devez faire un choix de vie important, si vous vous trouvez dans une situation instable ou bien si, tout simplement, votre état de santé vous inquiète, ne prenez aucune décision sur un coup de tête.

28 ♦ Six de Bâtons
Qu'elle concerne votre vie matérielle, relationnelle ou votre bien-être, vous risquez fort de vous retrouver plongé dans une situation contraignante, inextricable. Vous devrez prendre une décision, agir ou réagir avec fermeté, détermination, sans fléchir. Ce sera l'unique moyen de vous en sortir, de vous débarrasser une fois pour toutes de vos problèmes. Toute initiative de votre part se révélera salutaire. Vous pourrez ainsi retrouver votre bien-être.

29 ♦ Sept de Bâtons
Pour retrouver et conserver votre bonne santé, vous devez faire des efforts. En effet, il ne dépendra que de vous, de votre comportement, de bien ou mal vous porter. De fait, si vous envisagez de prendre des initiatives en vue d'adopter un mode de vie plus approprié à votre bien-être, agissez sans crainte et sans hésitation. Vous ferez le bon choix, prendrez la bonne décision. Une fois qu'elle sera scellée cependant, ne vous montrez plus négligent. Faites preuve de fermeté et d'autodiscipline.

30 ◆ Huit de Bâtons

Des circonstances indépendantes de votre volonté vont vous imposer un changement important qui vous perturbera. Cependant, vous comprendrez très vite qu'il vous apporte aussi un grand soulagement. Ainsi, quand bien même vous vous retrouverez contraint et forcé de changer de mode ou d'hygiène de vie, acceptez-en l'augure, sachant que, tout compte fait, il s'agira d'une transformation heureuse et salutaire, favorisant sans conteste votre bien-être.

31 ◆ Neuf de Bâtons

Vous vous portez bien et tout laisse à croire que vous devriez vous sentir mieux encore dans les mois ou années à venir. Vous semblez en effet résolu à adopter un comportement patient, tenace, avisé, vous révélant soucieux d'évoluer avec le temps, très désireux d'acquérir puis de préserver un bon équilibre. Ainsi, quels que soient vos problèmes ou difficultés, vous vous montrerez toujours aussi sage et déterminé, quand bien même il vous faudra parfois produire de gros efforts pour sauvegarder votre tranquillité et votre bien-être.

32 ◆ Dix de Bâtons

De très belles perspectives vont s'offrir à vous, votre situation bénéficiant d'une belle expansion ou votre vie d'un renouveau. Quoi qu'il en soit, pour profiter pleinement ou vous montrer à la hauteur de ces circonstances heureuses, sans plus attendre, prenez soin de vous. Tout laisse à croire que vous jouissez d'un bon état général en effet, d'une vitalité saine. Cependant, pour vous donner les meilleures chances de réussite dans vos entreprises, renforcez encore votre bien-être en prenant de sages précautions dès maintenant.

33 ◆ Valet de Bâtons

Vous avez auprès de vous ou affaire à un jeune homme sérieux, curieux, très désireux de s'instruire, d'acquérir un savoir-faire dans un secteur de la santé, par exemple, sur qui vous pouvez compter. Ou bien vous vous apprêtez à solliciter une personne compétente, afin qu'elle étudie votre cas, entreprenne des investigations vous concernant, relatives à votre état général. Elle ne devrait pas tarder à vous révéler les fruits de ses recherches et travaux qui, selon toute probabilité, s'avéreront très réconfortants.

34 ◆ Cavalier de Bâtons

Vous sentant en pleine forme, vous aurez bientôt l'occasion de vous dépenser sans compter. Vous éprouvez en effet le besoin d'extérioriser vos énergies, d'agir, d'entreprendre et, semble-t-il, vous pourrez exercer votre libre arbitre sans frein ni contrainte. Vous irez bien en effet. Et si par hasard vous nourrissiez quelques inquiétudes à propos de votre santé, vous allez apprendre une très bonne nouvelle à ce sujet, source de réconfort et d'encouragement, vous donnant un blanc-seing pour agir selon vos vœux.

35 ◆ Reine de Bâtons

Attendez-vous à vous retrouver confronté à une situation difficile ou plongé dans une circonstance pénible, réclamant toute votre vigilance. S'il s'agit d'un problème de santé vous concernant ou touchant une personne de votre entourage, sachez que vous disposerez de nombreux atouts personnels et facteurs extérieurs propices à sa résolution. Toutefois, pour y parvenir, faites preuve de courage et de persévérance. Montrez-vous extrêmement attentif à tous les détails. Ne laissez rien au hasard. Prenez les choses en main. Et, si cela s'avère nécessaire, faites-vous aider.

36 ◆ Roi de Bâtons

Pour acquérir et préserver un solide bien-être, vous devez faire preuve de courage, de fermeté, de rigueur morale, d'autodiscipline. Si tel est le comportement que vous avez adopté depuis longtemps, tout va bien. Cela signifie en effet que vous savez surmonter vos faiblesses, exerçant une belle maîtrise de soi. Toutefois, vos efforts réitérés et vos lourdes responsabilités risquent fort de vous épuiser. Malgré votre sens du devoir et votre dévouement, n'oubliez jamais de vous reposer, de vous détendre, de lâcher du lest, de vous occuper de vous.

37 ♦ As d'Épées

Vous allez devoir faire un choix, prendre une décision radicale, énergique ou une initiative audacieuse, spectaculaire, toutes affaires cessantes. Si vous vous trouvez confronté à un problème de santé par exemple ou si les circonstances vous donnent l'occasion de vivre dans des conditions plus propices à votre épanouissement personnel, agissez avec promptitude et courage pour retrouver votre bien-être dans le premier cas de figure, obtenir satisfaction dans le second. Vous réussirez.

38 ♦ Deux d'Épées

Vous allez vous retrouver plongé dans une relation conflictuelle qui risque fort de perturber votre équilibre. Ou bien, vous hésiterez entre deux attitudes contradictoires elles aussi à l'origine d'un grand déséquilibre nuisible à votre bien-être évidemment. Pour mettre un terme à cet inconfort moral et aux tensions qu'il engendrera, susceptibles d'avoir de fâcheuses répercussions sur votre santé, efforcez-vous de trouver rapidement un compromis. Il en ira de la sauvegarde de votre bien-être.

39 ♦ Trois d'Épées

Les circonstances devraient favoriser la réalisation de vos idées originales, des plans et projets que vous élaborez depuis quelque temps, ou vous permettre d'approfondir vos connaissances, de réfléchir, débattre, échanger des points de vues intéressants. Vos facultés cérébrales s'en trouveront ainsi stimulées, vous pourrez les exploiter à bon escient à condition toutefois de ne pas négliger votre organisme, votre hygiène de vie. Souciez-vous autant de votre corps que de votre esprit.

40 ♦ Quatre d'Épées

Vos excellents réflexes intellectuels, votre esprit pratique et concret, constitueront vos deux meilleurs atouts pour préserver votre équilibre moral et vital. Réaliste et pragmatique en effet, vous ne prendrez aucun risque inutile, ne commettrez nulle imprudence. Aucun problème ne vous apparaîtra sans solution. Si vous avez une idée en tête, vous n'aurez de cesse de la mettre en application. Si c'est un projet que vous souhaitez concrétiser, vous vous donnerez les meilleures chances d'y parvenir tout en sachant toujours vous préserver.

41 ♦ Cinq d'Épées

Vos idées nobles et généreuses, vos belles convictions, vous rendront très combatif. Vous ne vous contenterez pas d'avoir des opinions en effet, vous les défendrez avec fougue et passion. Pourvu d'un tempérament vif, énergique, d'une belle constitution, vous disposez là de précieux atouts pour parvenir à vos fins. S'il vous arrive de prendre des risques, ce sera toujours en connaissance de cause, après mûre réflexion. Ainsi, bénéficiant d'un réel bien-être, vous saurez toujours agir d'une manière préventive si cela s'avère nécessaire.

42 ♦ Six d'Épées

Vous n'allez pas vous sentir au mieux de votre forme. De nombreuses vicissitudes, des problèmes en tout genre, des relations troublées avec votre entourage, vous plongeront dans une certaine dépression morale en effet, pouvant avoir de fâcheuses répercussions sur votre bien-être. Vous devrez ainsi vous ressaisir, prendre des résolutions énergiques pour vous remettre, retrouver votre bonne humeur et votre tonus. Ne vous découragez pas. Ne laissez pas ces circonstances difficiles influer sur votre bonne volonté naturelle.

43 ♦ Sept d'Épées

En vous appuyant sur votre belle force de caractère et votre esprit brillant, vous ne reculerez jamais devant les obstacles ou les difficultés. Énergique et combatif, vous saurez imposer vos choix, désirs, volontés, affirmer votre personnalité, aller de l'avant contre vents et marées. Ne péchez pas par présomption cependant. N'abusez pas non plus de vos ressources, et ne dépassez pas vos limites. Toutefois, ne vous avouant jamais vaincu, tout laisse à croire que si vous vous sentez affaibli, vous réagirez promptement pour retrouver votre belle vitalité.

44 ◆ Huit d'Épées
Prudence ! En effet, vous risquez fort de céder à vos impulsions, à l'aspect risque-tout de votre caractère, ne prenant aucune précaution pour obtenir satisfaction, gain de cause ou imposer vos idées. De fait, vous allez sûrement vous trouver plongé dans une situation conflictuelle troublant votre sérénité et perturbant votre bien-être. Si vous poursuivez dans cette voie, vous pourriez bien mettre sérieusement votre santé en péril. Changez d'attitude et mettez bon ordre à cette situation sans plus attendre.

45 ◆ Neuf d'Épées
Votre grande curiosité et votre soif d'expansion et d'évasion devraient être satisfaites. Vous aspirez toujours à en savoir plus en effet, à vous confronter à l'inconnu, à faire des découvertes enrichissantes. Cependant, malgré votre esprit éclairé, enthousiaste et impatient de jouir de ces nouvelles perspectives, vous prendrez bien peu soin de vous. Bien sûr, si vous jouissez d'une saine et sereine vitalité, vous n'avez aucune raison de vous inquiéter. En revanche, si vous ressentez quelques petits malaises, montrez-vous plus attentif à la sauvegarde de votre bien-être.

46 ◆ Dix d'Épées
Vous allez obtenir un succès d'estime, une reconnaissance de vos mérites et talents, une réussite personnelle que vous ne devrez qu'aux efforts que vous avez accomplis par le passé. Par ailleurs, si vous fûtes éprouvé par des problèmes en rapport avec votre santé, vous pouvez croire qu'il s'agit de mauvais souvenirs. Non seulement vous vous rétablirez pleinement en effet mais, de plus, ayant retrouvé toute votre vitalité, vous vous sentirez maître de vous-même et de votre situation.

47 ◆ Valet d'Épées
Vous vous trouvez en relation avec une personne à l'esprit vif, très perspicace, cherchant toujours à se singulariser. Elle fait preuve d'une grande imagination en effet. Ses idées originales étonnent, surprennent, intéressent. Toutefois, elle semble plus douée pour élaborer des plans et projets que pour les réaliser. Ou bien, elle s'épuise nerveusement, et parfois même physiquement, à courir après des rêves impossibles. Attitude qui, bien sûr, nuit à son équilibre et peut-être au vôtre.

48 ◆ Cavalier d'Épées
Très courageux, fermement déterminé à vaincre vos difficultés, surmonter les obstacles se dressant devant vous, quel que soit votre problème, vous n'aurez de cesse de le résoudre. Dans ce but, vous ne relâcherez jamais vos efforts, convaincu que vous pouvez réussir. Évidemment, une telle attitude volontaire et obstinée ne peut que favoriser votre prompte guérison, si vous êtes malade, ou vous garantir de la sauvegarde de votre bien-être.

49 ◆ Reine d'Épées
Si une personne de votre entourage se sentait souffrante ou affaiblie, rassurez-la, son prompt rétablissement suivi d'un regain de vitalité, ne saurait tarder. Toutefois, tout laisse à croire qu'il s'agit d'une personne passionnée, intelligente certes, mais aussi impatiente, se nourrissant en permanence d'actions et d'initiatives, sans savoir se détendre. Elle jouit d'excellentes ressources vitales à ce qu'il semble. Elle gaspille ses forces cependant, et son rythme forcené nuit peut-être aussi à votre bien-être.

50 ◆ Roi d'Épées
Vous avez affaire à une personne qui fait sa loi, imposant ses choix, désirs, volontés. Consciente de ses qualités et de son droit à agir, elle sait concrétiser ses idées et projets, passant aisément de la conception à l'acte sans précipitation. Toutefois, elle ne prend pas suffisamment soin d'elle, considérant que, jouissant d'excellentes ressources vitales, rien de fâcheux ne peut lui arriver. Elles ne suffisent pas à lui garantir un réel bien-être cependant. Si elle commet des imprudences ou négligences, elle risque ainsi de mettre sa santé en péril.

51 ◆ As de Coupes
Votre vie affective devrait vous donner entière satisfaction. Elle va se révéler un facteur essentiel à votre épanouissement personnel. En effet, tout laisse à

croire que vous cultiverez des relations privilégiées de plus en plus harmonieuses. Vous vous montrerez très tendre, attentif, aimant, dévoué à ceux que vous aimez. Toutefois, vous devez prendre conscience que votre équilibre moral et vital reposera entièrement sur la bonne entente qui régnera autour de vous. De ce fait, il dépendra beaucoup plus des autres et des circonstances que de vous-même.

52 ◆ Deux de Coupes
Ou bien vous vous montrerez excessivement passionné, ou bien vous cultiverez, simultanément, deux relations amoureuses, ou bien encore des désaccords avec votre compagne ou compagnon risquent de surgir. Quoi qu'il en soit, dans tous les cas, quand bien même aucun symptôme ou signe avant coureur ne se serait encore manifesté, vous vivrez sous pression, tendu, sur le qui-vive, déchiré entre deux attitudes contradictoires. Tôt ou tard, vous devrez faire un choix pour retrouver un équilibre affectif et votre bien-être.

53 ◆ Trois de Coupes
Aimable, sociable, communicatif, légèrement insouciant, vous semblez aspirer à la vie mondaine. Éprouvant toujours le besoin de vous sentir aimé, voulant sans cesse qu'on vous témoigne des preuves d'affection, poussé par une grande sensualité, vous ne résisterez pas à la tentation, abusant fréquemment des plaisirs de la vie. Toutefois, si vous semblez effectivement bénéficier d'une bonne santé et d'un solide appétit de vie, vos excès à répétition risquent de perturber votre bien-être.

54 ◆ Quatre de Coupes
Vous assumerez avec beaucoup de bonheur le rôle du chef de famille, régnant en maître au sein de votre foyer, rayonnant dans votre vie familiale. Toutefois, la sauvegarde obstinée de l'harmonie de votre petit noyau relationnel, occupant systématiquement vos pensées à l'exclusion de toute autre préoccupation, si vous n'y prenez garde, vous risquez de vous épuiser à la tâche pour vous dévouer corps et âme à ceux que vous aimez, au détriment de votre propre bien-être.

55 ◆ Cinq de Coupes
Fébrile, très émotif, vous allez être de plus en plus préoccupé par votre vie amoureuse. Vous aspirerez ainsi à satisfaire vos désirs, accomplir vos vœux et, dans ce but, vous emploierez toutes vos ressources vitales, toute votre énergie. Ou bien, vous allez agir en vue de réaliser une œuvre personnelle, une création, quelque chose de neuf dans votre vie et, là encore, vous donnerez le meilleur de vous-même pour parvenir à vos fins. Rassurez-vous, dans les deux cas, vous avez de grandes chances d'aboutir.

56 ◆ Six de Coupes
Votre vie affective, vos relations sentimentales risquent fort de manquer d'harmonie. Vous vous sentirez insatisfait ou déçu, ne parvenant ni à aimer ni à être aimé selon vos souhaits ou vos attentes. Inquiet, pessimiste ou nostalgique, vous manquerez de ressort, de courage, de volonté. Votre mauvais moral perturbera sûrement votre métabolisme, engendrant des effets fâcheux, de petits maux sans gravité que vous ne devrez toutefois pas prendre à la légère. Ménagez-vous !

57 ◆ Sept de Coupes
Votre bon équilibre moral et vital reposant entièrement sur vos relations affectives et amoureuses très harmonieuses, vous allez vous sentir très épanoui, serein, spontanément expansif et généreux. Disponible et dévoué, vous vous montrerez particulièrement réceptif aux personnes que vous aimez et, au-delà, à toutes les personnes gravitant autour de vous. Vous irez bien, ne commettrez pas d'excès, sachant intelligemment vous préoccuper de la sauvegarde de votre bien-être.

58 ◆ Huit de Coupes
Passionné, poussé par une très forte sensualité, vos relations amoureuses vont se révéler intenses mais éprouvantes. Courant après les satisfactions des sens, vous montrant possessif, exclusif, tyrannique, sans arriver à adopter vous-même une ligne de conduite digne de l'estime et de l'amour que l'on vous porte, vous risquez de commettre de nombreux

excès ou de gaspiller vos forces. Si vous persistez dans ces attitudes, vous finirez par mettre votre bien-être en péril tôt ou tard.

59 ◆ Neuf de Coupes

Jouissant d'une situation confortable, d'une vie affective agréable, équilibrée, de relations amoureuses sereines, basées sur des solides affinités, une estime mutuelle, vous irez bien, de mieux en mieux même. Votre bon caractère et votre générosité forceront la considération de votre entourage. Il n'empêche, vous aspirerez à vous évader, partir, voyager, changer de cadre de vie ou d'horizon. Vous confronter à l'inconnu vous apparaîtra ainsi comme une nécessité vitale.

60 ◆ Dix de Coupes

Épanoui, heureux, vous allez vous sentir en osmose parfaite avec votre cadre de vie et les personnes de votre entourage. De plus, vous bénéficierez d'une excellente vitalité pleine de ressources dont vous n'abuserez pas. Pourtant, vous ne vous montrerez ni avare de vos actes ni économe de vos initiatives. Entreprenant, optimiste, voyant toujours le bon côté des choses, le verre à moitié plein plutôt qu'à demi-vide, on pourra se fier et se confier à vous en toutes circonstances.

61 ◆ Valet de Coupes

Un événement inattendu mais heureux, une bonne nouvelle que vous allez apprendre prochainement, ou une rencontre que vous ferez dans des circonstances insolites, vous stimulera moralement et physiquement, au point que vous éprouverez un profond bien-être, une joie sereine. Plus confiant en vous, plus conscient de vos vraies qualités également, vous vous sentirez capable d'accomplir vos vœux, de réaliser vos projets ou de satisfaire vos ambitions.

62 ◆ Cavalier de Coupes

Vu de l'extérieur, vous vous montrerez expansif, dynamique. En secret pourtant, poussé par des aspirations idéalistes, tout particulièrement dans votre vie amoureuse, vous chercherez à assouvir votre soif d'absolu. Ainsi, vos relations sortiront de l'ordinaire ou bien elles vous inciteront à ne pas vivre comme tout le monde, vous apportant tantôt beaucoup de joie, tantôt des déceptions dues à un mode de vie défiant les règles morales. Votre état général s'en trouvera de ce fait plus vulnérable, instable, passant fréquemment par des hauts et des bas.

63 ◆ Reine de Coupes

Vous êtes en relation ou avez auprès de vous une personne au caractère aimable, pleine de bonne volonté, dont les sentiments sincères n'excluent pas une belle faculté de discernement qui ne la rend dupe de personne et la met à l'abri des déceptions. Toujours prête à rendre service, d'une grande honnêteté, elle se soucie peut-être un peu trop de vous et des autres au détriment d'elle-même. Ainsi, grâce à elle, vous pourrez jouir d'une vie harmonieuse, d'une situation stable, équilibrée, tout à fait satisfaisante, vous conférant un profond bien-être.

64 ◆ Roi de Coupes

Vous allez être en relation avec une personne ayant beaucoup de cœur, une grande sensibilité. Cependant, dans le but de se ménager l'affection des personnes qu'elle aime autant que par souci d'assumer ses devoirs et responsabilités, elle s'est forgé un caractère solide et fiable. Jouant sûrement le rôle d'un chef de famille ou d'entreprise, selon le cas, se montrant toujours attentive, compréhensive, soucieuse du confort moral, matériel et affectif d'autrui, nul doute qu'elle contribuera pleinement à votre bien-être.

65 ◆ As de Deniers

Grâce à vos efforts et à vos seuls mérites, semble-t-il, vous allez jouir d'une situation très avantageuse, prospère. Très sûr de vous en effet, de vos droits, prérogatives et possessions, vous forcerez la chance, tirant parti des circonstances au mieux de vos intérêts. Soyez prudent cependant. Votre confiance en soi et votre aisance n'impliqueront pas forcément un solide bien-être ni une santé de fer. Montrez-vous beaucoup plus attentif à votre hygiène de vie et ne vous dépensez pas sans compter.

66 ♦ Deux de Deniers
Vous allez vous retrouver plongé dans une relation conflictuelle, confronté à de réelles difficultés financières, voire dans une situation de plus en plus précaire. Évidemment, les problèmes et contrariétés à répétition que ces problèmes engendreront ne favoriseront pas votre bien-être, d'autant que, ne parvenant à trouver ni solution ni compromis, vous vous minerez ou vivrez sous tension en permanence. Essayez de lâcher prise. Imposez-vous un choix radical, salutaire, libérateur.

67 ♦ Trois de Deniers
Des transactions financières vont occuper tout votre temps, soit que vous achèterez ou vendrez un bien, soit que vous exercerez une activité commerciale très prenante. Selon toute probabilité, ces situations ne vous poseront aucun problème particulier, d'autant que, par ailleurs, vous bénéficierez d'un excellent pouvoir de régénération vous ressourçant en permanence et vous rendant relativement infatigable. Ne présumez pas de vos forces cependant, vos nerfs pouvant parfois être mis à rude épreuve.

68 ♦ Quatre de Deniers
Puisque vous aspirez à vivre en toute sécurité, disposant d'un confort matériel suffisamment solide et stable pour vous protéger des aléas de l'existence et que cela constitue votre préoccupation majeure semble-t-il, vous allez être comblé. Vous obtiendrez une situation très confortable en effet, propice à votre bien-être. À condition toutefois de ne pas négliger votre vie affective, vos relations privilégiées, vos sentiments et émotions que vous inhibez trop souvent et qui, ce faisant, peuvent finir par engendrer des frustrations et des compensations nuisibles à votre bien-être.

69 ♦ Cinq de Deniers
Les circonstances vous donnant l'occasion d'augmenter vos gains et votre avoir, vous déborderez d'imagination et d'esprit d'initiative. Ambitieux et entreprenant, vous ne vous en montrerez pas moins réaliste et prudent. Vous saurez gérer votre argent mais aussi prendre le temps de vivre en jouissant avec modération du confort de votre situation. De fait, rien ne pourra perturber votre bien-être et vous n'aurez aucune raison de vous inquiéter de votre santé.

70 ♦ Six de Deniers
Vous allez vous retrouver confronté à des difficultés financières de tous ordres qui, bien sûr, ne favoriseront pas la sauvegarde de votre bien-être. Vous vous sentirez ainsi légèrement déprimé. Soit vos frais, dépenses ou dettes ne vous laisseront aucune marge de manœuvre, soit vous exercerez des activités exténuantes, sans obtenir pour autant une contrepartie financière digne de vos efforts. Réagissez pour assainir et transformer votre situation au plus tôt, sinon votre état général risque fort de se détériorer.

71 ♦ Sept de Deniers
Un heureux concours de circonstances devrait très prochainement vous donner l'occasion d'augmenter votre pouvoir d'achat, de vivre dans des conditions beaucoup plus confortables. Bien sûr, il vous faudra agir ou réagir opportunément. Tout laisse à croire que vous saurez faire preuve d'un bel esprit d'initiative, exploitant toutes vos ressources vitales d'une grande richesse pour atteindre votre but. Faites-vous confiance, allez de l'avant, exercez votre libre arbitre. Votre état général sera excellent en effet, tandis que votre tonus ne vous fera jamais défaut.

72 ♦ Huit de Deniers
Attendez-vous à vous retrouver à un tournant dans votre vie professionnelle. Les circonstances ne vous donneront pas le choix, en effet, vous plongeant dans une situation financière délicate, due à l'arrêt d'un gain, à des pertes après de mauvais investissements ou à une gestion désastreuse de votre avoir. Toutefois, préoccupez-vous surtout de la sauvegarde de votre bien-être que de tels événements risquent fort de mettre en péril malgré vous, du fait que vous allez vous faire beaucoup de souci.

73 ♦ Neuf de Deniers
Tout devrait vous pousser à vous montrer à la fois économe et généreux, à vivre en toute simplicité sans vous priver d'un certain confort. Vous ne prendrez aucun risque apparemment, ne commettrez nul excès, aussi conscient de vos limites que de la sauvegarde de votre bien-être. Cela ne vous empêchera pourtant pas de donner le meilleur de vous-même, de vous dévouer aux autres, de vous dépenser sans compter lorsque les circonstances l'exigeront. Vous jouirez ainsi d'un excellent équilibre moral et vital.

74 ♦ Dix de Deniers
Grâce à votre esprit d'initiative, à votre pouvoir d'action, à votre sens pratique, à votre belle faculté de discernement, vous triompherez, obtenant une situation avantageuse, des revenus confortables, un succès bien mérité. Vous allez ainsi vous sentir stimulé par ces heureux événements qui vont se produire dans votre vie, vous autorisant à aller de l'avant sans aucun frein, en exerçant pleinement votre libre arbitre. Cette période positive que vous allez vivre ne pourra que vous plonger dans un serein bien-être.

75 ♦ Valet de Deniers
Un heureux concours de circonstances devrait vous permettre d'acquérir une plus grande indépendance financière. Vous pourrez ainsi vous assumer pleinement, agir à votre guise, entreprendre, voire même élaborer et réaliser des projets qui vous tiennent à cœur depuis fort longtemps. Cependant, considérez bien que jouir de son libre arbitre implique obligatoirement d'assumer aussi toutes les conséquences de ses choix et de ses actes. De ce fait, désormais, la préservation de votre bien-être ne dépendra que de vous.

76 ♦ Cavalier de Deniers
Vous allez vous montrer particulièrement économe, autant de vos efforts que de vos dépenses. De fait, en toutes circonstances, vous vous efforcerez de garder le contrôle de vous-même sans jamais dépasser vos limites, ainsi que la maîtrise des situations dans lesquelles vous vous trouverez ou des événements auxquels vous serez confronté, sans jamais aller au-delà des possibilités réelles dont vous disposez. Cette grande prudence ne pourra que favoriser la sauvegarde de votre bien-être.

77 ♦ Reine de Deniers
Vous vous trouvez en relation avec une personne semblant avoir un sens inné du commerce ou la bosse des affaires, selon une expression populaire. Ainsi, quand bien même elle sait se montrer d'un commerce agréable, son affabilité n'est jamais totalement désintéressée. De là à considérer qu'elle fait toujours passer son intérêt avant celui d'autrui, il n'y a pas loin. Toutefois, ce comportement très personnel, quelque peu égoïste, l'isole parfois, la plongeant dans un indicible mal-être. À moins bien sûr que vous adoptiez vous-même de telles attitudes, un tel comportement, prochainement.

78 ♦ Roi de Deniers
L'important pour vous, ce seront les résultats concrets que vous pourrez obtenir. Vous vous montrerez ainsi de plus en plus convaincu que, ici bas, rien n'est jamais gratuit, tout a un prix. Cet état d'esprit vous rendra très pragmatique mais aussi un peu cynique parfois, vous privant ainsi d'une sereine joie de vivre et d'un authentique bien-être. Vous vous sentirez sinon tendu en effet, du moins peu enclin à lâcher prise, vous abandonner, faire confiance, vivre en paix. Montrez-vous moins calculateur, plus spontané, au risque de mettre votre bien-être en péril.

BIBLIOGRAPHIE

Le Tarot et votre avenir, Hachette, 1990.

L'astrologie et votre avenir, Hachette, 1991.

Les rêves et votre avenir, Hachette, 1993.

Le Tarot, ma méthode d'interprétation, Hachette-France 2, 1994.

Manuel pratique d'astrologie, Hachette, 1996.

Duos des étoiles, Jean-Claude Lattès, 1997.

Les anges et votre avenir, Hachette, 1998.

Horoscopes annuels en 1 volume 1996, 1997, 1998 et 1999, Hachette.

Horoscopes 1999 en 12 volumes, Marabout.

L'Encyclopédie en 8 volumes, Apprendre et connaître l'astrologie et les arts divinatoires, Hachette Collections, 1999.

Le livre de bord du Tarot, Marabout, 1999.

Dictionnaire des symboles, des mythes et des légendes, Hachette, 2000.

Horoscopes 2002, 2003, 2004, 2005, 2006 en 12 volumes + un volume de compilation, Éditions 1.

Le Grand Livre des Affinités, Éditions 1, 2003.

Manuel pratique d'astrologie et de divination chinoises, Hachette, 2003.

Éditions en Grande-Bretagne et aux États-Unis

Le Tarot et votre avenir
Les rêves et votre avenir
Dictionnaire des symboles, des mythes et des légendes, Hachette Illustrated, 2003.

Le zodiaque des arbres, Éditions 1, avril 2004.

Le tarot et l'amour, Hachette, 2005.

À paraître

Le tarot et l'argent, Hachette, 2006.

Le tarot et la connaissance de soi, Hachette, 2006.

Dépôt légal : novembre 2005
ISBN : 2-01-62-5138-7
62-69-5138-01-3

Impression : G. Canale & C.S.p.A, Turin (Italie)